AF367458

दिल दर्पण

(बिहार के तिरहुत प्रमंडल में बोली जाने वाली बज्जिका
भाषा में रचित काव्य संग्रह)

गौरी शंकर भक्त

दिल्ली – 110089, (भारत)

प्रथम संस्करण : 2020
ISBN : 978-81-949743-6-9
प्रखर गूँज पब्लिकेशन
एच–3/2, सेक्टर–18, रोहिणी, दिल्ली–110089
दूरभाष : 7982710571, 7838505899, 011-27851059

मूल्य : 195/-

दिल दर्पण
(काव्य संग्रह)

गौरी शंकर भक्त

Dil Darpan
By : Gauri Shankar Bhakt

Published by
PRAKHAR GOONJ PUBLICATION
Delhi - 110089
E-mail : prakhargoonj@gmail.com
           sinha.neelu123@gmail.com
011-27851059, 7982710571, 7838505899

सादर समर्पण

मेरे प्रिय आदरणीय दादा जी स्व. बिगु भगत जी के
श्री चरणों में
मेरी पुस्तक समर्पित

क्रमतालिका

बाणी की रानी तू जगवा में सयानी

कितने मूर्खों के केइलू तू ज्ञानी।

स्वेत वस्त्र स्वेत बा तोहर काया।

जगवा में बरसा वलु स्वर के माया।

जेकरा पर तू करेलू दया।

वो हो जाला संसार के माया।

खल कमी अभिमानी अज्ञानी हम।

लेल शरण में हे विद्दया की रानी।

सहस्त्र बार गिरी चरण में हम।

एक बार उठाल हे हंसवाहिनी माँ।

कई ली हम गुस्ताखी बीन पूछे, लिख देली कुछ पाती।

बार बार करी निहोरा तोहर से।

एक बार खोल द अपन नजरिया।

बेटा बाणी हम तोहर, के करा से मांगू लिखे के अधिकार।

बाणी की रानी तू जगवा में सयानी।

काली तुलसी रफ़ि लता, इन सब पर कई लू दया।

अगर तुम्हें जाना ही था तो बुलाया क्यों

वीरान मुरझाई बगिया को स्नेह से सींचा क्यों?
मैं थी अकेली कहीं धरती पर धूप-धूल खाती।
राहगीर आते एक नजर देख चले जाते।
मैं भी नजरें झुकाए देखती।
कभी मुस्कुराती पर हस न पाती।
अगर तुम्हें जाना ही था तो बुलाया क्यों।
लहराती मक्का के मेड़ पर घण्टों इंतजार करती।
कभी उठती तो कभी बैठती, हाथों से बाली को सहलाती।
पैरों की आहट कानों को भाती, मुड़ कर देखती।
किसान को आती मैं डर जाती।
अगर तुम्हें जाना ही था तो बुलाया क्यों।
कसमें खाये थे हमदोनों साथ जीने मरने का।
चाहे बीच में विघ्न का सागर ही आ जाये।
जलती थी मेरी हाथ तवे पर आह! निकलती तेरे मुँह से।
क्या यह सब छलावा था।
अगर तुम्हें जाना ही था तो बुलाया क्यों।
टूटती बर्तन मुझसे माँ को अपना नाम बताते।
मैं चैन से सोती तुम बेबी को लोरिया सुनाते।
कैसे मैं भूलूं तुम्हारी इन यादों को।
शायद कमी कुछ रही होगी मेरे प्यार की।
अनाथ किया नाथ तुम, पर मैं अभी सुहागन हूँ।
अगर तुम्हें जाना ही था तो बुलाया क्यों।
लेते है नाम अमर शहीद का मैं धन हो जाती हूँ।
गई सिंदूर मांग की पर अमर सुहागिन कहलाऊंगी।
अगर जाना ही था तो बुलाया क्यों।

बारह से बतीस प्रथम भाग

बढ़ने लगी पिता और भाई से दूरी, आज तक सो रही थी मैं।

कभी पिता के संग कभी भाई के संग न करता कोई एतराज।

मैं जाती हूँ सोने भाई के संग बुला लेता माँ को।

पिता जी की भी मेरे साथ हो गई बेरुखी।

देख मेरी बदन को माँ भी होने लगी चिंतित।

मिलती जब कभी गांव गली के लड़कों से, बुला लेती माँ
किसी काम के बहाने से।

रखती ख्याल हर समय मेरे आने जाने और घूमने पर।

हद तो तब हो गई, एक दिन बाथरूम की पानी हो गई लाल।

खड़ी हो गई माँ माथे पर रख कर हाथ।

माँ पिता जी के बीच में होने लगी फुस फुस बात।

कर रही थी मैं स्नान पड़ी नजर आइने पर,
देख अपनी बदन को मैं घबरा गई अनहोनी से।

दिखने लगी थी उभर दो मेरे सीने पर।

लगाने लगी जोर जोर से आवाज माँ को।

घर में अकेली माँ दौड़ती आ गई बाथ रूम में।

क्या हुआ बेटी तुम गिर गई हो क्या?

आओ माँ देखो क्या हो गया मेरे सीने पर।

खड़ी खड़ी बदन देख मेरी माँ मुस्कुराने लगी।

होने लगी हो तुम बड़ी यही है निशानी।

क्या भैया नहीं हुए हैं बड़े जो घूमते सरे आम।

तुम भी घूमोगी पर लड़के नहीं लड़की के साथ।

समय के साथ मेरी बदन और रूचि बदलती जा रही थी।

खत्म हो रही गांव के स्कूल की पढ़ाई
होने लगी उच्च विद्यालय में जाने की तैयारी।

पहना रही है कमीज सलवार हमको माँ,
डाल दी सीने पर दुपट्टा लाल।

लटका दिया गूथ के चोटी सीने पर।

लगा दिया बैग किताब कॉपी का पीठ पर।
झुका कर आँखे चलना रस्ते में मन लगा कर पढ़ना।
थी आदेश माँ की या फरमान स्वीकार किया मुंडी हिला कर।
डर डर के चल रही हूँ पग पग दूरी कम हो रही।
एक दो दिन भय रहा, मिलने लगी सखियाँ प्यारी।
होने लगी बातों का आदान प्रदान, चलने लगी हँसी ठिठोली।
कैसे बीत जाती दो मील की दूरी, सखियों की हमजोली में।

बारह से बतीस दूसरा भाग

हुई घटना गजब की सर सबकी कॉपी जमा करवाई।

बज गई घण्टी छुट्टी की मच गई अफरा तफरी कॉपी की।

बदल गई कॉपी मेरी किसी के कॉपी से कौभर थी एक।

निकाली कॉपी पढ़ने को पलटने लगी पन्ने को।

गोल गोल अक्षर मोती जैसी देख मैं हो गई गोल।

किसकी कॉपी आ गई मैं देख रह गई दंग।

देखी पलट कर नाम भी नहीं लिखा था उसपर।

मिल रही थी राहत होगी कॉपी किसी सखी की।

अगर हुआ कॉपी किसी लड़के की कैसे उसे लौटाऊँगी।

लौटाऊँगी कॉपी सभी के सामने लड़के लड़कियाँ क्या समझेगी।

कैसे मैं पूछूँगी किसकी है ये कॉपी, नाम भी तो अंकित नहीं।

मनु उधर खोली कॉपी देख भरी पड़ी पेज अधिक।

देखा कौभर पलट फूलमती नाम अंकित।

लड़कियाँ भी गजब होती हैं, अपनी भरी दूसरे की खाली लेती हैं।

लड़कों को अपनी पट्टी पढ़ा ही देती है, मिली तो सॉरी।

वो अभी अभी विद्द्यालय में आई, चाल को आजमाने लगी।

देखने में भोली नजरें झुका कर रहती, मेरे ऊपर पासा डाल दी।

करते है इंतजार आगे फिर क्या देखती है अपनी चाल।

लग गई क्लास लड़के लड़कियाँ आरे तिरछे बैठे सभी।

सोच रही फूलमती दे दू कॉपी सर के टेबल पर।

जिसका होगा ले लेगा सर के टेबल से, पर मेरा कौन देगा?

नजर घुमाती फूलमती चारों तरफ मेरी वाली तो लौटा दो।

है प्रमाण उस पर अंकित है मेरा नाम, वो लौटा दे सर के हाथ।

हो रहा भयभीत मनु क्लास में कॉपी लौटाने से।

उठाया जान कर कॉपी नई लड़की को पटाने को।

उड़ायेंगे खिल्ली मेरा लड़का लड़की मिल के सभी।

बिगर गई मुड सर की पिटायेगे सो फ्री।

चलो रहने दो समय मिलेगा दे देंगे कभी।

जा रही है फूलमती गुन गुनाती अपनी धुन में।

दुपट्टे हवा में लहराती न कोई आगे न कोई पीछे।

मौका देख मनु धीमी से एक आवाज लगाई रुक जा फूलमती
मैं भी चल रहा हूँ।

सुन अपनी नाम को पीछे मुड़ गई फूलमती।

देख आते लड़का को अचंभित में वो रह गई।

क्यों पुकारा मुझे कारण ढूंढने में चाल धीमी हो गई।

पहुँच गया मनु फूलमती के समीप।

दोनों खड़े आमने सामने बीच में दूरी बनाये।

डरते डरते मनु बोला कहना है, तुमसे एक बात।

बुरा तो नहीं मानोगी न कहोगी किसीसे ये बात।

नजरें झुकाए करने लगी विचार माँ की आदेश का।

क्या कहेगा लड़का इसको मन में विचारने लगी।

आँखे उठाई फूलमती मनु को पढ़ने लगी मन से।

सहमा सा खड़ा लड़का फूलमती के हाँ के इंतजार में।

बोलो क्या कहना है तुम्हें मुझे से इस राह में।

मनु खोला अपना बैग दिया निकाल कर कॉपी उसकी।

लो फूलमती तुम अपनी कॉपी चली ही गयी थी भूल से।

अरे मैं तो डर थी क्या कहोगे तुम मुझसे।

फूलमती ने भी खोली बैग अपनी कॉपी दिया मनुको।

मैं तो कर रही थी इंतजार, अंकित है कॉपी पर नाम।

क्या करेगा कोई अधभरी कॉपी लेकर।

नाम तुम्हारा ही भयभीत कर रहा था मुझे।

पर गई मालूम सर और साथी सबको करेंगे बवाल।

हो जाती बदनामी दोनों की पूरी विद्यालय में।

मैं कैसे लौटाती कॉपी अंकित नहीं किसी का नाम,
कैसे देती सर के टेबल पर गुम नाम कॉपी।

बारह से बतीस तीसरा भाग

चार नयन दे रहे एक दूसरे को धन्यबाद।
होठ फर फुस करती दोनों की चल दिए दो ओर।
मिलने लगी थी दोनों की आँखे, मन में मुस्कान आती।
होने लगी स्पर्धा दोनों में क्लास में अबल आने की।
होती प्रश्रोतरी क्लास में उन्नीस बीस का रहता आंकड़ा।
एक दूसरे की छवि लिए दोनों खूब पढ़ाई भी करते।
बन गई चर्चा की विषय फूलमती और मनु की जोड़ी।
शिक्षक से लेकर सह पाठी में दोनों विचरने लगे।
बैठ जाते दोनों कभी पास पास होती बातें आस पास की।
न होती प्रतिक्रिया इन लोगों की आस पास बैठने की।
बातों बात में एक दिन छू गई फूलमती मनु का तन।
सन से कुछ दौड़ गई मनु के तन, देखने लगा इधर उधर।
फूलमती को भी कुछ ऐसे ही अनुभूति हुई तन में।
दोनों इस घटना से थे अंजान मन में आ रही विचार।
अक्सर घण्टों दोनों बैठ करते रहते इधर उधर की बातें।
बातों बात में एक दूसरे को देते थपकी लगाये।
खत्म हो गई मन की झिझक साथ में उठने - बैठने से।
बीत गऐ चार साल दोनों को एक दूसरे से मिलते।
आ गई 10वीं की रिजल्ट दोनों में कुछ अंको का अंतर।
फूलमती बोली माँ से प्रथम श्रेणी से हुई हूँ पास।
करना है मुझे कॉलेज की पढ़ाई, जा के शहर में।
ठीक है बेटी पूछती हूँ तुम्हारे पापा से आगे की पढ़ाई।
हम ठहरी किसान सोच समझ कर उठाना पड़ता है पाँव।
खड़ी हो जाती बखेरा लड़की की शादी में।
सोच रही है फूलमती की माँ अपने मन में।
देख दर्पण फूलमती को मानों मुस्कुराकर कुछ पूछ रही है।
डाले दुपट्टा सीने पर चोटी गूथ मन मोहक बन रही।
घूम घूम कर देख अपनी सूरत मोहित हो रही।

हो गए कितने दिन मिले मनु से जी भर बात करूँगी आज।
मिल जायेगी मार्क सीट और ए सेल् सी आज।
छूट जायेगी सखी सखा एवम विद्यालय भी।
निकली घर से माँ मुस्कुरा कर चूम लिया माथ वो गाल।
हुई गुदगुदी शरीर में तनने लगी समीज अंदर।
पहले पहुँच गया था मनु ले कर मार्क सीट कर रहा मेरी
इंतजार।
अंक मिलाने को था वो बेकरार।
देख मुझको भीड़ में अपना हाथ उठाने लगा।
बोल उठा बेशर्मी फूलमती मैं यहाँ हूँ।
चल ले मार्क सीट अपना अंक मिलान करते हैं।
भीड़ को चीर अंदर गया मनु और फूलमती, लिया मार्क सीट
भागा भीड़ से दूर।
बैठ एक पेड़ के नीचे दोनों अंक मिलाने लगे।
विषय विषय में था अंतर पर दोनों का योग एक।
हो गए ख़ुशी में दोनों अंधे लिपट गये गले।
देख तमासा इन दोनों का चकित रहे सखी सखा और शिक्षक।
लेने गये आशिष दोनों साथ गुरुजनों से।

लाल आँखे देख फूलमती होने लगी भयभीत।

डरते डरते गई चरण छूने माँ की, माँ पीछे हट गई।

क्या किया तूने आज स्कूल में, नाक कटाई है गाँव में।

है मेरा दोस्त मनु बस उससे ही गले मिलाइ हूँ।

हम दोनों का अंक योग है एक इसी ख़ुशी में।

हो गई हो बड़ी पर अक्ल तुम्हारी अभी छोटी।

ऐसे मिलने को गांव समाज कहते है बेशर्म बेहया।

पर हुआ क्या माँ अक्सर बैठ हम दोनों बात करते हैं।

चल तुम घर में फिर तुम्हें समझाती हूँ, माजरा।

क्या अच्छा काम किया मेरा बेटा, सरेआम लड़की को गले
लगाया।

तैरती इज्जत की नैया को शर्म के नदी में डुबो दिया।

आती है उल्हाना उस लड़की वाले का।

देखना तुम अपना नज़ारा।

उतार दूंगा भूत गले लड़की से मिलने का।

मिल गए अंक योग दोनों का पता नहीं कैसे मिले दोनों।

मालूम नहीं कर क्या रहे हैं हम दोनों।

देख रहे थे गुरुजन एवम सखा सखी कुछ नहीं कोई बोला।

हो गये बेशर्म कौन क्या बोलेगा तुमको।

रह गये चुप दोनों परिवार अपने अपने बच्चों के गलती पर।

मनु चला पढ़ने शहर की ओर होस्टल में रहने लगा।

जारी रही पढ़ाई फूलमती की घर में ही रह कर।

एक दूसरे को याद कर दोनों मन ही मन मुस्काते।

दोनों अपने किये करतूत से कभी कभी शर्माते।

संयोग अजब की परीक्षा केंद्र मनु और फूलमती की एक।

चली देखने फूलमती रूम और रोल नम्बर अपना।

नजर गराए सीट चार्ट पर पा गये रूम नम्बर अपना।

मुड़ी पीछे देख मनु को मुस्कुराई, तुम कैसे यहाँ पर।

मेरा भी सेंटर है यहाँ देख दो रूम नम्बर भी मेरा।

बोल दे बुद्धू रोल नम्बर अपना तब तो देखूंगी।

लिया दोनों हाथ मे हाथ, चल दिया फूलमती पिता के पास।

करजोर नमन किया फूलमती के पिता को मनु।

बोल उठी फूलमती पिताजी ये हमारा दोस्त पुराना।

खुश रहो बेटा ध्यान देना फूलमती पर।

नई आई है शहर में अंजान है रहन सहन से।

बदल गये दोनों की कद काठी मनु प्यारा लगने लगा।

बज गए घण्टी दोनों एक ही रूम में बैठे थे।

खुशिया चार चांद लगा रही दो साल पर मिले हैं।

है यही मनु पिताजी जिससे विद्यालय में गले मिले थे।

साथ साथ खेलते पढ़ते थे कभी अंतर नहीं होते।

हो रही खत्म परीक्षा आ रही विक्षोभ की घड़ी।

सोच रहे दोनों फिर कब मिलेंगे भर रही थी आँखे।

चलो बेटी छूट रही है गाड़ी हो रहे दोनों गमगिण में पानी पानी।

धीमे स्वर में बोली फूलमती फिर मिलेंगे मनु तुमसे कभी।

नन्दरानी हो गई अब सयानी मत करना मेल जोल।

फास जाओगी किसी छिछोरे के भवर जाल में।

लूट लेगा पराग तुम्हारी बना देगा कली से फूल।

क्या बोल रही हो भाभी जी कुछ समझ में नहीं आता।

छूकर मेरे बदन को भाभी जी क्रियाकलाप बताई।

ऐसे ही होती है ससुराल की मिठाई जब मिलते है पति देव।

बड़ी निर्लज हो भाभी फूलमती बोली जो भैया की बात बताई।

अक्सर भाभी नन्द में होने लगी हसी मजाक।

बीती साल अट्ठारह रंग गई मेहंदी से फूलमती।

हो गई किसी की बन गई पत्नी किसी पति की।

दाम्पत्य की नैया सुख दुःख की नदी में डग मग चल रही।

भोग रही फूलमती दाम्पत्य जीवन का परम् भोग।

हो गई दया प्रभुजी की खिल गया कमल गोद।

पा कर सुंदर चंचल शिशु फूलमती मोहित है।

सक्षम था पति घर गृहस्थी चलाने में पति धर्म निभाने में।

मनु खड़ा मंदिर के गेट माँ के इंतजार में

हो गया नौकरी मनु की माँ मन्नत पूरी कर रही है।

घूम रही नजरें रंग बिरंगी नर नारियों पर।

ठहर गई नजर एक नारी पर जो गुलाबी साड़ी पहनी।

थामी है पांच साल के बच्चे की ओ हाथ।

खुली बाल कमर तक खड़ी थोड़ी बायां पैर फैलाये।

मानस पटल में आने लगी किसी पहचान वाले की स्टाइल।

यहा कैसे वो आ सकती हो गई होगी उसकी सगाई।

हो गया मैं भाव विभोर भूल गया माँ और जन को।

पुकार उठा फूलमती तुम हो किस ओर जरा देखो ।

सुन कर अपनी नाम झटकर सिर पीछे घुमाई।

देख मनु को फूलमती लट फहराते चली आई।

हो रही थी बातें दोनों में तभी माँ प्रसाद लेके आई।

देने लगी मनु के हाथ में प्रसाद फूलमती भी हाथ बढ़ाए।

ठिठक गई माँ देख शादी शुदा लड़की को मनु के साथ।

कौन हो बेटी तुम मेरे बेटा को कैसे जानती हो?

हंस कर बोली फूलमती है पुराना जान पहचान।

माँ और गम्भीर होने लगी बेटे को शंका से देखने लगी।

इसारो में माँ मनु से कुछ पूछने लगी, मनु है गुम ।

पकड़ लिया हाथ फूलमती मनु के साथ चलने लगी।

रहा नहीं गया माँ से पूछ बैठी फूलमती से।

किसकी बहु कहाँ तुम रहती हो, छोड़ मेरे पुत्र का हाथ।

बेशर्मी की भी हद तुम पार कर गई।

अरे मनु माँ को सब कुछ बताओ, क्यों इनको तड़पाते हो।

क्या है हमदोनों का सम्बन्ध माँ को बताओ।

हम दोनों साथ साथ पढ़े एक ही विद्यालय में माँ।

दोस्त हैं दोनों बहुत ही अच्छे दिल से मिलते हैं।

तुम तो मुझे डरा ही दिया मनु मैं कुछ और सोच रही थी।

लो प्रसाद तुम दोनों भगवान करे सलामत रहे दोस्ती।

बढ़ी हाथ दो माँ के आगे डाल रही प्रसाद दोनों पर समान।

घुमा रही लाडला किसकी फूलमती तुम अभी।

छोर बात मेरी मनु तुम क्या अभी अकेले हो।

क्या करूँ माँ पिता के भरोसे हूँ कब जोड़ी बनाते है।

तुम क्या लगते हो मेरे कैसे इस बच्चे को समझाऊं।

कैसे तुमसे आशीष दिलवाऊं बच्चे को आदर सिखाऊं।

चाचा कहु पति भाई, मामा कहु तो मेरा भाई बनेगा।

दूर खड़ा एक पुरुष फूलमती मनु के विचार बिचरन देख रहा।

धीरे धीरे समीप आया, बोल उठा बच्चा उसको पापा।

फूलमती सुन बच्चे की आवाज सिर घुमाई पति को खड़ी पाई।

है दोस्त दिल के करीब का फूलमती पति से बताई।

साथ साथ पढ़े हमदोनों क्लास में अब्बल आते थे।

हाथ मिलाये मनु नेक दिल दोस्त के पति से।

गई घर फूलमती सारी बात बताई पति से।

पढ़ रही आँखे पति, पत्नी की विश्वास की।

रहा होगा प्रेम मन का, तन का नहीं! बोल नहीं सकती पति से।

आह

गोधूलि वेला में निकली चँद्रमुखी, स्वर्णमई आवरण में लिपटी।

नयन सरोज खिली मुखमण्डल को दो नाग घिरे।

अरुण मई कपोल होठ गुलाबी पंखुड़ी समान।

लम्बी धर रंग गोरी दूध समान।

छुम छुम करती चाल मोरनी समान।

इठलाती बलखाती झूमती पवन समान।

कभी मिलती राह में बाजार, दुकान में।

नयन से नयन मिलती लाजवंती सी शर्माती।

होती दूर छुपछुप दीदार करती वो।

आती होठों पर मुस्कान, चलती धीमी धीमी चाल।

शायद तुम्हारी निशा कैसी बीती।

पर आस के सांस में निशा बीती गई निराश में।

गेंदा के फूल सुगन्ध न देता फिर भी लोग लगाते हैं।

मैं जानू तू जाने कभी न मिल पाना है। पर क्यों दूरी कम लगती, ये अनजाना ।

दुआ करूँ रब से नयना चार हुआ करें।

अधरे खुली मन मिली तन की दूरी बनी रहे।

प्यार पवित्र अनुभूति मिलन वियोग जीवन है।

अग्नि तपी कनक सिर धार, वियोग प्यार की जाँच।

कई दिवस बीत गए नयना चार हुऐ।

रुक रुक के नयन नीर देत तेरी आस में।

आ गई निर्दई बदल शायद चांदनी रात में।

बैठता हूँ रोज तुम्हारे आस में,

कभी मिल जाओ राशन सब्जी बाजार में।

रब से दुआ करूँ, रोज तुम्हारे घर में कोई मेहमान आये।

सामान लेने आओगी बाजार में,

होगा शुक्र गुजर उस मेहमान का।

अमावस्या की रात में,

दूज का चाँद निकलता शायद ऐसा होता।

बीती पतझर आई बसन्त कलियां मुस्कुराई।

पेड़ो ने लाल लाल होठ दिखाए।

चली पवन झक झोर तेरी दुपट्टा हो गई एक ओर।

स्तन दो मस्त मग्न, ताक झाक करने लगी।

तुम बुद बुदऐ बेशर्म पवन की जग हसाई।

जिससे मैं मुखरा छिपाई उसे तू क्या दिखाई।

माफ़ करना वो राही, जो तुम अनजाने में देख पाए।

कभी तू ब्यान न करना किसी से, अगर तू यार होगा मेरा।

जान या अंजान हो मगर नियत दिल का महान हो।

चुपके से पलट कर देखी चेहरे पर कोई हरकत न आई थी तेरी।

देती हूं सम्मान तुझे सब नारी समाज।

हो जाता अगर नर का काया पलट।

देखता नारी को माँ बहन के समान।

होता दिल को शकुन महान

सीमा

दुबली पतली काली लम्बी सी रानी।

दुनिया की सबसे प्यारी हूँ मैं।

राजा हो या रंक, योगी या फकीर।

किसान हो या व्यापारी, नेता हो या अधिकारी।

सब है मेरे अधिनस्त आज्ञाकारी।

किया जिसने मुझे पार करने की ज़ुरत।

हो गई नाश या मिट गई अस्तित्व।

फूंक रही है दुनिया जन और धन को।

बस "सीमा" तेरी सुरक्षा में अपने को।

जहाँ से मैं गुजरती हूँ, वहाँ नयनों का पहरा लगता।

करते है मेरी रक्षा अपनी जान गवाकर।

जब जब हुई विस्तार या कद मेरी छोटी, देनी पड़ी कुर्बानी जन की।

पीनी पड़ी मुझे लाल लाल पानी।

बार बार की मैं माँ से आग्रह जन को करो ठंडा।

युगों युगों से मैं देखती आ रही हूँ, मुझे जन्म दे रही नदी माँ।

बस, वही मुझे विनाश करती है जल में डुबो कर।

जैसे जैसे इंसान को ज्ञान हुआ, मेरी भी संरचना होने लगी।

बढ़ने लगे इंसान घटने लगी संसाधन।

टक्कराने लगे वो आपस में सभी।

हम हम में जीवन उनकी खुनी होने लगी।

घाव चोट, दर्द से सभी कराहने लगे।

डर के कारण उत्पान हुई होगी बुद्धि।

तब बैठ सब मेरी की होगी उत्पत्ति।

टेढ़ी मेढ़ी काली दी होगी मेरी काया।

नाम दिया होगा "सीमा"।

लालच और इच्छा से मुझे मिटाना चाहा।

जो परा कमजोर भयभीत हुआ संघर्ष से।

भाग रहा होगा दूसरी ओर।

पैदा हुआ अत्याचारी बलशाली, खा रहे छीन के दूसरे का भोग।

बढ़ने लगी शक्ति की भक्ति, एक दूसरे की होने लगी सामना।

जो होता अधिक बलवान उसके साथ रहने लगे लोग।

खड़ा हुआ रिस्ते का अम्बर नैतिकता का आभाष।

बंधने लगे अब परिवार की सीमा में।

स्वक्ष रहे नारी की अस्मिता धर्म की सीमा बनी।

बुजुर्गों ने देने लगी होगी अपनी विचार।

बनने लगे परिवर से अब गांव की सीमा।

हो नहीं हनन किसी का, रक्षा की सीमा बनी।

गांव से प्रदेश, प्रदेश से देश की सीमा।

सीमा के अंदर फल फूल रहे, मानव जीवन।

छिनार

थक गई मैं सज-धज के किसी ने दिया न भाव।
खनकी चुरिया पायल छमकी हुई
घूंघट की आर।
चली बाजार मटक मटक पति के साथ।
वो आगे आगे मैं पीछे दूरी पर चल रही।
कर रही छाया एक मुझे पीछा।
झांक रहा वो मुझे कभी दाये तो कभी बायें।
आ जाता हमदोनों के बीच में वो।
पर मिट नहीं पाती उसकी प्यास।
दिख रही साड़ी ब्लाउज की बीच की चमड़ी।
बढ़ा रहा उसकी प्यास की गति।
मचल रहा वो बिन पानी की मीन।
मेरी घूंघट पार दर्शी खेल सब देख रही।
मन ही मन मैं गच, अपनी सुंदरता पर।
जगने लगी लालसा कुछ और होने को
चलते चलते मिल गई एक मॉल।
मैं चूड़ी खनका इ जोर से, पति रुक गए वहीं।
थोड़ी घूंघट सरकाए, इसरे से मॉल दिखाई।
घूम घूम कर देख रही कपड़े और सेंट।
हुई स्पर्श पीछे से किसी की कंधे से।
मैं थोड़ी आगे बढ़ी नजरें घुमाई।
वो मसगुल लाल टी शर्ट देखने में।
चलने लगी दूसरे सेक्सन में, तिरछी नजर आने लगी।
उसने आगे से मुझे कॉस किया, पलके झुकाए।
देख रही मुखरा मेरी ।
मेरे पसन्द को अपना पसन्द बना रहा।
या उसकी पसन्द मेरी पसंद बन रही।
ऐ कुदरत की महिमा या उसकी मनमानी।

हो गई खरीददारी चल रही काउंटर पर।

गुल हुए बिजली टक्कर हुई किसी से।

कोलाहल मच गई पूरे मॉल में।

सब जहाँ के तह खड़े अपनी जगह पर।

डर का लहर बना कौन क्या करेगा।

भक से हुआ प्रकाश सब देखा, टकराये के पास।

मुझे लगी उसका मेरे सीने पर हाथ।

चला वो ऐसे जैसे जीत लिया हो समर को।

हाथ में थैला चमकी आँखे मदमस्त चाल।

हो गई नौकरी आंगन बरी की।

आना जाना लग गया प्रखंड की।

भूल गई गॉव की बहु की रीति।

चलती बस ऑटो, गाड़ी में पल्लू फहराये।

अब न रहती पर वाह किसी मर्द की।

जो कभी एक स्पर्श से आने लगती थी पाणी।

मैं भी लगा देती धक्का किसी को।

मिल जाती बस आँखे दोनों की।

अपने अपने राह को चलते रहते।

बस में भीड़ बहुत अंगुली रखने की जगह नहीं।

अंतिम रूट की वो बस मेरी।

न चाह कर भी चढ़ना पड़ा उसमे।

अच्छा नहीं समझी बीच में खड़ा होना।

स्ट कर खड़ी रही एक सीट से।

ब्रेक लगी बस में, मैं थोड़ा आगे बढ़ गई टकराये पेट एक युवक के कंधे से।

चाह कर भी नहीं रोक पाती, युवक से टकराने को।

चलती बस डोल जाती इधर उधर को।

थोड़ी देर में युवक उठ खड़ा हुआ।

मुझे लगी वो उतरेगा अगले स्टॉप पर।

उसने इसारा किया सीट पर बैठने को।

मैं बैठ गई वो मेरे जगह खड़ा रहा।

बस तो चल रही अपनी गति से।
वैसे ही टकरा रही उसकी अंग मेरे कंधे से।
जैसे मैं चुप चाप एहसान मन्द बैठी रही।
थी नहीं कोई समस्या का हल।
हो रही एहसास कंधे पर अंग का।
बोल नहीं पा रही शर्म और बदनामी से।
आँखे उठती ऊपर, वो मजबूरी ब्या करती।
आँखो से भीड़ की रेला दिखा कर।
हल्की सी मुस्कुरा जाता वो।

नित दिन करता नदी तीर स्नान।

जल ले कर जाता गुरु धाम।

रहना खाना और शिक्षा का, गुरु जी पर सब था भार।

लकड़ी लाना फल इकट्ठा करना, बस यही था मेरा काम।

सूर्योदय से पहले गुरु जी देते ज्ञान।

लाली देती सूर्य लग जाते सफाई के काम।

बीत रहे थे समय चैन से गुरु शिष्य की।

मैं पूछ बैठा गुरु जी से कैसे आया वन में।

क्या करोगे जान कर कैसे आया तुम वन में।

कौन हूँ मैं, कौन जन्म दिया जानवर या जीव।

मेरे साथ सब हैं चार पैर, उच्छल कूद करते।

तुम हो मानव किसी माता ने जन्म दिया तुम्हें।

पर मालूम नहीं कौन है माता तेरा।

तैरते हुए नदी में तुम मिले थे हमें।

साँस चल रही थी तुम्हारी पर आँखे बंद।

जीव समझकर लाया तुम्हें पाल पोश किया।

तुम ठीक से बोल नहीं पाते इतने छोटे थे।

कैसे मालूम मुझे कहाँ से आये?

कौन माता पिता तेरे।

भगवान भरोसे तुमको मैं पलने लगा।

फल का रस तुम्हारे मुंह में डालने लगा।

योग से भोग की ओर भाग 2

कोशो इधर उधर कोई गांव या बस्ती नहीं।
कहाँ तुम्हें लेकर घूमता फिरता, सन्त को सन्तान।
लगती लांझना कुकर्म का मेरे ऊपर।
अगर हो तुम्हारी इच्छा तो गांव बस्ती में।
जीवन अपनी बसा सकते हो।
नित दिन की तरह स्नान को आया।
बचाओ बचाओ की आवाज कानों में टकराया।
जल धारा में उब डुब करती एक जन को।
सिर घुमा कर देखा आवाज किधर से आई।
दया की लहर से युवक पानी में छलांग लगाई।
जन को किनारे लाए, अपने से फर्क पाई।
आँखे बंद बेसुद पड़ी है वो।
तभी गुरु जी की उपचार याद आई।
पैर मोड़ घुटने से पेट दबाए।
जन के मुंह से पानी बाहर आई।
पड़ा रहा थोड़ी देर, फिर पलके हिलाऐ।
देख रहा बदन का अंतर अपने और जन का।
सोच रहा मन में, गुरूजी और मैं तो एक समान।
कर रहा अंतर अपने उसके तन से।
आँखे दो नाक, कान भी दो, भैवे भी समान।
बाल है लंबे हाथ पैर भी समान।
चेहरे पर मुझे बाल, पर इसको नहीं।
मेरी छाती समान, पर इसके छाती पर उभार।
ले कर चलता हूँ आश्रम, गुरूजी को दिखाता हूँ।
लिया जल नदी से गागर में पीने के लिए।
उठाया कंधे पर उस जन को।
चला आश्रम की ओर निकल रही पानी जन की।
आ रहा था होस जन को पहुँच चुका आश्रम को।

रखी छाया में उतार जन को कंधे से।

न पा कर गुरूजी को करने लगा पुकार।

निकल गए थे शौच के लिए, गुरूजी कुछ दूर।

सुन आवाज शिष्य का गुरूजी, एक पत्थर फेंकी।

समझ गया शिष्य गुरूजी का संकेत।

दूर से देख गुरूजी सो रहा एक जन को।

होने लगी संकोच उनके मन में।

कौन जन सो रहा मेरे आश्रम के समीप।

जब तक आते गुरूजी नजदीक, वो उठ कर बैठ गई।

शिष्य दिया पानी गुरूजी को लेकर।

हुये स्वक्ष हाथ पैर धोकर गुरूजी। तब तक।

कौन हो तुम? कहाँ से आई इस वन में।

मालूम नहीं मुझे कौन लाया इस वन में।

उत्शुक हो कर शिष्य बोला मैं लाया हूं।

डूब रही थी जलधारा में, हो गई थी बेहोश।

चल रही थी सांसे इसकी, पानी बहुत निकली है।

दया की लहर दिल में जगी गुरूजी।

कूद परा मैं नदी के जलधारा में।

जीव हत्या के डर से लाया है आश्रम में।

हुये मुखातिब गुरूजी उस नारी की ओर।

सिर नीचे लटे बिखरी भभरै आवाज में बोली।

खेल रही जल क्रीड़ा सखियों के संघ में।

पकड़े जाने के डर से भाग रही जल में।

नहीं रही मुझे सुध आ गई मुख जलधार में।

बहुत किया कोशिश पर मैं पार न पाई जलधार से।

हो गई थक के चूर विफल रहा मेरा युद्ध।

जब खुली आँख तो देख है आपको।

नाम क्या है? किस गांव में रहती हो तुम।
करो बखान माता पिता का नाम।
कजली कह कर पुकारते है सभी, गांव है सुरसरि।
पुत्री हूँ मनोहर की माता सरिता देवी।
गुरु जी ने किया आदेश, सुखी वस्त्र शिष्य को देने का।
वस्त्र त्याग करो अंदर जा कर, फिर सोचते है।
उठ कर गई कजली कुटिया के अंदर।
सुखी धोती शिष्य ने दिया अंदर।
हो रही सूर्यास्त अँधेरा छाने लगी।
छोटी सी दीपक पिली रौशनी कुटी में फौल रही।
जो फल मूल कुटी में तीनों मिलकर खाये।
घास की शैया घास की तकिया पर गुरु शिष्य सोने लगे।
एक ओर कजली भी सोने का प्रयास करने लगी।
वन जीव की आवाज और, कुछ डर सताने लगी।
आँखे बंद मन जगता रहा, कुछ अनहोनी सोच कर।
हे प्रभु मैं हूँ अब तुम्हारे शरण में।
उठ बैठा जाती कजली होती खरखराहट।
चहकने लगी चिड़िया कोयल कु कउ करने लगी।
खुली आँख कजली की गुरु शिष्य गायब।
बाहर निकली धुंधली धुंधली सी लगती।
कुछ देर बाद आए गुरूजी।
सूर्य की किरणें चमकने लगी।
शिष्य भी नित्यक्रिया से निवृत हो।
प्रभु ध्यान लगाने लगे।
बोले गुरूजी बच्ची करो तयारी अपने धाम चलने का।
बदली वस्त्र लट झटकारी चलने को हो गई तैयारी।
चलो तुम भी मेरे साथ छोड़ आये इसके धाम।
लिया झोला गुरूजी का, आगे गुरूजी बीच में कजली।

पीछे पीछे चलता प्रहरी सी चेला।
जा नदी किनारे असमंजस में पर गये सारे।
कजली किस दिशा में है धाम तुम्हारे।
नदी से थोड़ी दूर पर गांव हमारे, दिशा नहीं मालूम।
थोड़ी देर रुके गुरु जी नदी की जलधारा देखी।
चल दिए नदी की उलटी धारा की ओर।
चलते चलते दूर एक गांव दिखी गुरूजी को।
मुड़ मुड़ पीछे देखती कजली आते शिष्य को।
फिर आँखे चुरा कर चलने लगती आगे की ओर।
बच्ची कजली तुम अब आगे चलो।
पहचान पाओ गी अपने गांव के किसी जन को।
कजली आगे पीछे शिष्य उनके पीछे गुरूजी।
देख ऐसे दृश्य गांव के लड़के करने लगे छींटा कसी।
एक गोरी के पीछे भरमाने लगे योगी।
मौका देख बोलेंगे योगी इधर देखो गोरी।
सुन आवाज कजली उन लड़कों पर गुर्राई।
लड़कों ने जोर की ठहाका लगाए इसमें बुरा क्या।
अनसुनी कर गुरु शिष्य आगे को बढ़ते रहे।
कजली एक पगडंडी पर खड़ी हो गई।
बोली ये पगडंडी जाती है मेरे गाँव को।
एक मील होगी दूरी।
हमदोनों वापस होते कुटिया को अपने।
तुम चली जाओ गांव को गुरूजी बोले।
मैं पाँव पड़ती हूँ गुरूजी चलिए मेरे घर को।
ये जीवन है गुरु शिष्य की, मैं मर चुकी थी कब की।
धन्य होंगे मेरे मातापिता आपके चरण पाके।
नहीं... बच्ची जाने दो हम को, जाओ तुम घर को।
मैं थी मुर्दा फिर मुर्दा ही बन
जाऊँगी, आपके सामने नदी में कूद जान गवाऊंगी।
कजली के हठ से विवश हुए गुरु शिष्य।
चलने लगे पीछे पीछे गुरु शिष्य।

देख कजली को एक बच्चा जोर से चिल्लाया।

आ गई कजली दीदी हो... मनोहर चाचा।

दौड़ता गांव की ओर भागा गया।

सुनी कजली की आने की खबर।

नर नारी की बढ़ उमड़ पड़ी।

घिरे नर नारी के बढ़ में गुरु शिष्य एवम कजली।

पहुँच गई कजली अपने सुंदर से धाम।

मिली मातापिता और नात रिश्तेदार से।

हाथ पकड़ कर लाए भिड़ से गुरु शिष्य को।

बैठाए खाट पर बोली कजली माँ पिता से।

जान बचाई आपकी बेटी को इन महात्मा ने।

मनोहर बोला गांववासी से मिल गई बेटी।

अपने घर को जाओ सभी।

घर भर खूब किया गुरु शिष्य की सत्कार।

चलने लगे गुरु शिष्य अपने धाम सन्मुख खड़ी कजली विनती की सपरिवार।

नीर से नयन भरे सबके कैसे करूँ आभार।

चली छोड़ने कजली गुरु शिष्य को पिता के साथ।

नयन प्यास मिटा रही कजली शिष्य को देख।

लोट रही ग्राम सिवान से गुरु शिष्य को छोड़।

ध्यान मग्न शिष्य एक दिन बैठा रहा दोपहर तक।

करता रहा चिंतन एक प्रश्न पूछने का।

क्यों अंतर दिख रहा कजली और मेरे बदन का।

शिष्य गुरूजी से किया सवाल।

धरती पर जितने जीव सबमे नर, मद है।

ईश्वर ने दो ही जाति बनाई, इससे संसार सजाए।

दोनों पूरक है एक दूसरे के, एक के बिना एक खली।

जिस जीव को संसारिक बनना, वो नर मादा करते है मेल।

जो तुम अंतर पाया वो है नारी का माया।
नारी के दामन में संसार का सुख मिलता है।
पर परमात्मा से उतनेही दूर जीव चला जाता है।
क्या मैं नारी की ही माया हूँ, शिष्य बोला।
केवल तुम ही नहीं मैं भी, "जग" गांव के जन सभी।
प्रभु कृपया तुम पर जो मिल गया हमको।
बचा सके हो संसारिक मोह से अभी तक।
जाओ शिष्य जलपान का करो तैयारी।
उठ ध्यान से गया कुटी के अंदर।
लाया जलपात्र में जल साथ में फल भी।
करने लगे जलपान गुरु शिष्य मिल कर।
हो गई सन्ध्या कुटी में दीपक जलाने की।

चली बन ठान कजली गंगा स्नान सखी संग।
नई यौवन की गदराई सखियाँ करती अपनी बिचार।
हँसी ठिठोली और ठहाके से पथ करती गुंजये मान।
अगल बगल की राहगीर बात में बात दे मिलाये।
पीछे पीछे चल रहे दो गेरुआ वस्त्रधारी।
निकलना चाहते इन टोली से आगे।
करती शरारती टोली कभी दाये वो बाये।
चलती रही कुछ देर सफर ऐसे ही।
बस्ती दिखी कोई आगे।
बैठ गई कजली की सखियाँ वृक्ष की छाया में।
थक गई सभी सखियाँ चलते चलते राह में।
चले जा रहे अपनी धुन में गुरु शिष्य।
परी नजरें गेरुआ धारी बाबा पर।
ताजा हो गई याद कजली की।
करने लगी विचार बाबा जान बचाई मेरी।
पर टोक नहीं सके बाबा को सखियों के भये से।
हो गयी सन्ध्या पहुँच गई गंगा घाट।
घाट किनारे मंदिर बाबा शंकर का।
उसमे ठहरे हैं साधु संत, महंत।
अपने ढंग से मना रहे माँ गंगा को।
कजली के मन में हो गई उदवेग।
नजरें घुमा रही बाबा की ओर।
सखियाँ कहती चल कजली मेला की ओर।
बात रखने जाती मेला में, फिर आ जाती मंदिर की ओर।
रात कुछ बीती सब सखियाँ सोने लगीं।
उठी कजली फिर चली मंदिर की ओर।
एक कोने में सो रहे बाबा जी, बैठे हैं शिष्य।
धीरे धीरे चलती देखती शिष्य को।

पहचान गई कजली जिसने उसकी जान बचाई थी।

कैसे बुलावे शिष्य को भयभीत हो रही कजली।

खड़ा हुआ शिष्य जाने को लघुशंका।

उतर रहा वो मंदिर की दूसरी ओर।

कैसे करूँ भेंट शिष्य से सोच रही कजली।

चढ़ते सीढ़ी देख शिष्य को कजली, पाओं पर हथेली लगाई।

देख शिष्य को कुछ समझ में न आए।

शिष्य ने दिया खुश रहने का आशीर्वाद।

कौन हो इस तरह क्यों मिल रही हो रात में।

मैं वही हूँ जिसे डूबने से बचाए, कजली।

खड़ी मुस्कुराई तिरछी नयन शिष्य पर गड़ाए।

दुनिया से अंजान मानव असर हीन रही।

आँखे खुली तो दाढ़ी वाला बाबा को पाया।

पहला वचन हरि का गुणगान सुना।

खाने में फल मूल, कभी कभी

अन्य मिला।

देख नहीं कोई प्रतिक्रिया कजली को समझ आई।

लगता है गुरूजी, जन से डरता है शिष्य।

पकड़ी कलाई शिष्य की कजली थोड़ी अलग हटाई।

रुआँसे होने लगी कजली शिष्य की वही हाला।
गुरूजी नजरें उठाए चार नयन में नीर।
आगे गुरूजी पीछे चला शिष्य।
बदल गए पैरों की आहट शिष्य की।
दबा रहे शिष्य गुरूजी का बदन।
मन ही मन कर रहा स्पर्श में अंतरा।
कितनी कोमल कजली की बदन।
भटक रहा ध्यान शिष्य का।
फिसल जाती हाथ तन से।
चली जाती हाथ अंजनी अंग पर।
रहता चिंतित शिष्य सब काम में फिर।
उधर कजली की बदल गई हाला।
बैठी रहती चिन्तामग्न माँ से खाती डाट।
फिर मिलन के ताक में कजली खोई रही।
नदी किनारे प्रेम हरि की मंदिर खड़ी।
जो आश्रम और कजली के गांव बीच पड़ी।
पानी को चला शिष्य नदी किनारे।
चित उचित शिष्य जा बैठता मंदिर पर।
सामिल हो गए थे दिनचर्या में शिष्य के।
फिर चली कजली की सखियाँ नदी में स्नान को।
नदी किनारे देखा पानी पीते बाघ को।
भागी सखियाँ तितर बितर दिशा बिहीन।
कजली भागी पूरब जा छिपी मंदिर की ओट।
देख राधे कृष्ण विनती की कर जोर।
जान बचा दो हे मुरली धरी तुम ।
बन्द कर आँखे बैठ गई एक ओर।
नित दिन कि भांति शिष्य किया प्रणाम।
बैठ गया प्रभु जी के ध्यान मग्न।

कजली को भारी भारी से लगने लगी स्थान।

घर जाने का भी आने लगा ख्याल।

उतरने लगीं सीढ़ी छुम छुम पायल बजी।

खुली नयन शिष्य की अजीब आवाज सुनके।

चौकना हो देखने लगा इधर उधर।

बोल उठा कैसे अद्भुत हैं ये आवाज कहाँ से आई।

घूमी कजली पहचान की आवाज।

लगता है ये गुरु जी के शिष्य है महान।

बोली कजली शिष्य हो तुम गुरु जी के।

हाँ, तुम हो कजली यहाँ कैसे आई।

कजली शिष्य की चरण बन्दी की।

अपने आने का कारण दिया बताये।

मैं भूल गई हूँ सखी का ठौर

स्पर्श हुआ कोमल हाथ शिष्य के हाथ।

कभी कभी कजली बदन स्पर्श करा देती।

पर नहीं आता हरकत में शिष्य कभी।

पूछी शिष्य से तुम कभी नारी नहीं देखे हो।

नारी क्या है? मुझे मालूम नहीं।

तुम्हें भी आँख, नाक, कान हाथ पैर समान।

चलती बोलती भी हो समान, तो नारी क्या।

है नहीं तुम्हें माँ बहन भाभी ऐ सब।

बस गुरूजी ही है सब मेरे।

हो तुम बुद्धु कैसे आए गुरूजी के पल्ले।

किसने जन्म दिया पाला पोसा कौन।

याद नहीं कुछ गुरूजी के सिवा मुझे।

देखा भी तो जंगल के जीव जंतु को।

क्या सच क्या झूठ पल्ले नहीं परी कजली को।

सोच रही कजली बाबा ने सिद्धि से पाई होगी इस।

बैठ छाया में स्पर्श कराती बदन।

शिष्य का हाथ लिए अपने बदन पर रखवाती।

अपने हाथों से कजली शिष्य को सहलाती।

शिष्य के मन में कोमल तन का एहसास हो रहा।

जब बदन दबाता गुरु का इतना कोमल न पाता।

सकून देने लगा कजली के बदन का स्पर्श शिष्य को।

जैसे कजली करती वैसे ही शिष्य भी करता।

मन ही मन खुश होने लगी कजली।

खड़ा हुआ शिष्य चलने को गुरूजी के पास।

जाने लगा शिष्य मंदिर में गुरूजी के पास।

नींद नहीं कजली को देख रही।

देख रही गुरु शिष्य को स्नान की राह।

हुई भोर चलने लगे स्नानगिर घाट की ओर।

करती रही पीछा गुरु शिष्य की कजली हरदम।

जल्दी जल्दी की खरीददारी कजली।

किया भेंट गुरूजी से लेकर प्रसाद के साथ।

चरण बाबा का छू कजली प्रसाद थमाया हाथ।

दिये अशिस्य कौन हो पुत्री तुम।

पीछे की घटना सब कजली दी बताये।

गुरु शिष्य को विनती कर ले आई घर पर।

पा कर बाबा को मनोहर हुआ प्रसन्य।

रोक लिया दोनों को दो दिन घर पर।

लगी रही सेवा में कजली गुरु शिष्य की।

अंकुरित होने लगी शिष्य कजली की स्नेह।

मिलने लगी आँखे दोनों की होठों पर मुस्कान।

चुरा रहे आँखे एक दूसरे से दोनों।

चलने को हुए बाबा अपने धाम को।

मैं रोज पानी लेने आता हूँ राधे कृष्ण का दर्शन करता हूँ।

तेरे और गुरु के स्पर्श में अंतर पता हूँ।

मैं नारी गुरूजी नर अंतर तो होगी ही।

मैं समझ नहीं पाता नर नारी अंग तो समान।

हाथ लिया शिष्य का कजली अपना चेहरा छूआई।

दिखाई अपने सीने को, फिर अंतर दिया बताए।

नर नारी जीवनलीला को शिष्य को दिया बताये।

रख सीस कजली शिष्य के गोद में।

तुम्हीं हो नर पति मेरे, तुम्हारे संग रहूंगी।

मैं कुछ नहीं जानता गुरूजी ही जाने।

चलो आश्रम तुम गुरूजी से ही कहना।

चली कजली हाथ में हाथ शिष्य का लेकर।

देख गुरूजी हो गए आश्चर्यचकित दोनों को।

विनती की कजली अपनी शादी की गुरूजी से।

पहले करो बिचार तुम अपने माँ बाप से।

लाओ बुलाकर उन दोनों को यह पर।

भेज दिए घर गुरूजी कजली को।

पूछने लगे शिष्य से गुरूजी दिल की बात।

लगती है स्पर्श मुझे अच्छी कजली की।

कर पाओगे जीवन निर्वाह तुम कजली का।

हे गुरु जी जो विचार मुझे दिया है आप।

सशब्द मैं जीवन भर निभाऊंगा।

कल सुबह चलते हैं कजली के घर।

रखी है प्रस्ताव कजली विवाह का माता पिता के समक्ष।

कौन है जो भा गया तुम्हारे मन को।

मनोहर लिया कजली से पूछ।

है गुरूजी का शिष्य वो।

पगली वो सन्त है माया जाल नहीं आयेगा।

छोर कर आया होगा घर द्वार।

बाहर से आई मनोहर मनोहर की आवाज।

सुन आवाज मनोहर घर से बाहर आया।

देख गुरु शिष्य को दण्डवत प्रणाम किया।

आसन पर बैठाया कजली को बुलाया।

किया सत्कार जल दे कर।

फिर पूछा गुरूजी का आने का प्रयोजन।

गुरूजी ने बताए अपने आने का प्रयोजन।

बुलाई पत्नी को मनोहर अपने पास।

सुन लो गुरु जी का विचार पूछ लो कजली से।

खड़ी हो गई कजली शिष्य के साथ।

मुझे है विश्वास नहीं किया अकेले में अभद्र व्यवहार।

मैं मिली थी नदी किनारे भीगे हुए मेरे बदन।

आश्रम तक लेकर गया जंगल की राह।

रखा पवित्र मुझे सदा।

इसे मालूम नहीं नर नारी का भेद।

मैं समर्पित हो गई हूँ इनके लिए जीना मरना साथ।

हो गई रजामंदी सबकी बज गई शहनाई।

बंध गए दोनों जन्म जन्म पति पत्नी के बंधन में।

कसक

बीतल एसो के लग्न,
भइल न पिया से मिलन,
ऊपर से काली बद्री के कहर।
सुतल भइल मुश्किल,
बिजली के तर्कल से,
तप्त बा बदन अकेले रहल से।
कर ता अति फुहार सावन के,
जब निकली बाहर भीगा देता,
चुनरी और चोली।
आ गइल भाभी के भाई
मिले के होता मन हरजाई,
मिले कैसे हम जाए।
सुखल न कौनो सूत,
मांगी कैसे भाभी से,
चोली और चुनरी।
छिनरी परख जाई,
जात बारू मिले कोना यार से,
माई, भाई से बताई।
बैठल रही द्वार पर केश खोल,
घुमत घुमत आ गेलन चित चोर।
देख वो मुस्कुर इलन,
बोल बबुनी का हाल बा
हमरा से पूछ बैठलन।
अखियां झुका के ओढ़नी सम्हाल के,
धीरे से मुस्कुर इली, हाँ में सिर हिल इली।
बोलली चली ओसर्वा में,
और कुछ बताएब।
आ गइल माई और भउजाई,

फिर गइल लहर पर पानी,
रह गइल कसक मन में........!

विरह

नीले अम्बर में घूम रहे जलधर।
खोज रहे सजनी को नभ में।
सजनी मिलने आई समंदर से।
जलधर क्षुब्ध हो रोने लगे।
घूम घूम सूरज चाँद से पूछने लगे।
देखे हो सजनी को तुम सभी।
सूझी मजाक तारे को।
देख विह्वल जलधर को।
कैसे तड़पाते हो तुम धरा को।
करते हो मस्ती जा कर गिरी पर।
लह लह करती धरा की संतानें।
चील चिलाती जेष्ठ की धूप में।
दिखाते हो सूरत काली नीली सफेद।
त्राहि त्राहि करती जल के बून्द को।
मिलने गई धरा की बहन से।
आका बका हुए भाग क्षितिज की ओर।
हुई मिलन दोनों की फुट परी आंसू।
खिल उठी धरा झूम उठे सन्तान।
नाचने लगे बाग बगीचा पत्तियां को फैलाये।
इठलाने लगी नदियाँ चल बौराई।
खुश हुआ जन मानस और जीव।
करती क्लरौ खग वृन्द।
गाने लगी गीत झींगुर मेढक।
खत्म हुई मिलन की वेला।
आगे रवि किरण की रेला।
बीत गई विरह की वेला।

नादानी

उत्तम कुल में उत्तपन उच्च रही विचार।

साधु संतो की सेवा करनी मन में रहे विचार।

जीवन के पगडंडी पर चलने का कर रही विचार।

इठलाती बलखाती चलती रहती।

उच्च नीच का न मन में विचार।

आये सन्त मेरे द्वार जग गई सेवा का विचार।

मैं लगी रही सेवा में दिन रात न आये मन में कोई विचार।

बीत गए दिन दो चार सेवा से प्रसन्य हुए सन्त महाराज।

सुबह की वेला सूर्य मुस्कुराये।

सन्त विदाई की हो रही तैयारी।

माँ पिता छू रहे चरण सन्त जी का।

मैं खड़ी खड़ी मुस्काई।

आ गई मेरी बारी सन्त जी को करने की विदाई।

नयनों में नीर दिल में श्रद्धा गिरी सन्त के चरण में मैं।

सन्त हुए प्रफुलित दिए आहुति मंत्र का आशीर्वाद।

चंचल चित से मैं पूछी, क्या है? आहुति मंत्र का प्रभाव।

हस कर बोले सन्त, जिसको चाहो तुम बुलाओ।

ब्रह्मांड में दानव हो या मानव वो देव।

सब तुम्हारी इच्छा का होंगे गुलाम।

पा कर वरदान मैं हो गई बावली समान।

रोम रोम पुलकित मन मचलने लगी नागिन समान।

बिदा हो गए नयन से नींद दिन नहीं चैन।

सत्य झूठ के द्वंद में हिचकोले खाने लगी मन में।

चली सखियाँ वन विहार चारों ओर हरियाली जोर।

सर सर करती पवन, पेड़ो की डाली झूम झूम इठलाती।

जैसे आपस में पत्तियां झूम कर, झूमर गाती।

मन मदहोश किसी के याद में खोने लगी।

विचरण करती हम सब पहुँच गई गंगा घाट।

उगते सूरज की किरण कर रही जलधारा को लाल।
उसमे देख अपनी छवि भूल गई मैं अपनी विचार।
जल छू कर गंगा मैया को किया प्रणाम।
निर्मल निश्छल जलधारा कोमल देह, मन को गुदगुदाए।
'नादान' भोली मन आहुति मंत्र को गाने लगी।
उठी नयन सूरज को दीदार की।
अंजलि भर जल दी।
सूरज की तपती किरण शीतल हो मेरे देह में सामने लगी।
प्रकाश पुंज काया में बदल, मेरे समीप आने लगी।
मैं भी भाव विभोर काया से काया में समाने लगी।
संसार समाज को भूल अद्भुत आनन्द उठाने लगी।
तभी एक ख्याल झंकार किया।
मैं तो कुँवारी हूँ बला।
उतर गई भावना की भूत, समा गई इज्जत की शुधा।
विनती की करजोर कौन है देव या दूत।
हट गए दूर बोले मैं हूँ सूरज देव।
तूने किया आह्वान मुझे।
रोती बिलखती बोली मैं हूँ "नदान" आप सज्ञान।
मेरे भूल का इतना बड़ा परिणाम।
दे सकते थे कोई दूसरा वरदान।
कैसे करूँगी इस घटना का निदान।
बिन पुरुष आएंगे नवजात।
थू थू करेंगी सखियाँ कैसे बचेगी माँ पिता की लज्जा।
परु मैं चरण आपकी कर दे आने वाले का नाश।
मैं विवश हूँ देवी इस मंत्र प्रभाव से।
कुछ हो नहीं सकता उस नवजात को।

नादानी भाग 2

मन मुरझाई चली धाम को सखियाँ देख सकुचाई।

ब्यर्था की पीरा बढ़ने लगी निकलने को अकुलाने लगी।

मर्यादा की सीमा टूटने से घबराने लगी।

कोई उपाये ढूंढने लगी।

मन मलीन तन उदास, माँ की मन मुझे पढ़ने लगी

बोल बेटी तुम बदली बदली सी क्यों लगती हो?

किसी राजकुमार के याद में, क्या तुम खोई रहती हो।

कौन है भाग्यशाली जो लाडली की दिल को चुराया होगा।

माँ की ममता मुझे शोकाकुल कर दिया।

मैं क्या "नादानी" कर दिया।

हल्की सी मुस्काई, माँ की आँखों से आँखे मिलाए।

माँ की शंका को छन में, गले लगाकर मिटाई।

हाथ दिया माथे पर माँ, बेटी! तुमको एक दिन करना है विदा।

मैं ठुनक ठुनक रोने लगी आँसू की धारा बहाने लगी।

अंचल से पोछ मेरे आँसू मुझे ढाढ़स बंधने लगी।

धीरे धीरे माँ बेटी शयन कक्ष में जाने लगी।

बिस्तर पर लेटा प्यार की थप्पकी देने लगी।

मैं रोते रोते कब सो गई मालूम ही नहीं।

स्वर्ण मई किरण तन पर पड़ी तब नयन खुली।

कर वध मैं सूरज देव को नमन कि।

अनुचरी बगल में खड़ी आदेश के इंतजार में।

राजकुमारी की जय हो अनुचरी खड़ी आदेश में।

हुई आदेश अनुचरी को बुलाके लाओ सखी मलिका को।

प्राण प्रिये हे, मलिक तुम ही कर सकती हो समाधान।

करती हो विश्वास सखी पर, करो समस्या का आगाज।

दो, वचन सखी तुम नहीं करोगी मेरी समस्या का प्रसार।

देती हूँ तुम्हें वचन मैं, माँ पिता और अपनी जान की।

खुलेगी नहीं भेद जान रहे चाहे जाये।

मेरी नादानी या मनमानी कहो।

कर दिया आहुति मंत्र से सूरज देव को आह्वान।

हो गई हूँ मैं सूर्यदेव के बच्चे की माँ।

दाते तले अंगुली दबाई मलिका रह गई सन।

देखती सखी की आँखे झुकी मुंह मलिन।

काँपने लगी सखी पीपल के पत्ते के समान।

सोच सोच मलिका हो रही हैरान।

कैसे बचा पाऊंगी सखी और अपने वचन, तुम्हारा मान।

होगा बचना मुश्किल रानी के आँखो से।

नारी जाने सब मर्म नारी की कैसे हो गई पग भारी।

रखी अंगुली मलिका बाये गाल पर सिर झुकाए एक ओर।

राजकुमारी करो भोलेनाथ की पूजन की तैयारी।

जंगल में है भोलेनाथ की मंदिर एक न्यारी।

लो शपथ एक वर्ष की तपस्या की।

मिल नहीं सकोगी किसी नर नारी से।

चाहे राजा हो या रानी।

रखनी होगी पास मुझे तुमको अपनी दासी बनाकर।

आई साँस में साँस राजकुमारी को लगाई गले सखी को।

माथे पे चन्दन तन पर पीताम्बर गले रुद्राक्ष।

अंजलि में पुष्प बैठी शिव समक्षा।

ॐ नमः शिवाये की जप करती बाला।

धीरे धीरे समय बीतती गई विभूति बढ़ती रही।

हे सखी अब मास दिवस है बाकी।

बहती नीर नयन से कैसे सहूंगी पीर।

न कोई दासी न कोई दाई कैसे बचूँगी माई।

दया कर दें हे भोले शंकर, हो जाती इसी बीच मौत।

बच जाती कलंक से मेरे कुल और मैं।

हो जाती प्रयाश्चित किये गए मेरे कुकर्मों का।

हो जाती मेरी और आने वाले जीव का अंत।

पर विधाता को कुछ और ही मंजूर था।

मेरे जीवन को तार तार ही करना था।

आहट ने ध्यान को तोर दिया।

मलिका मेरे सिर को सहला रही।

मेरी राजकुमारी किस सोच में बह रही।

आँसू अपने पल्लू से मेरी पोछ रही।

मैं अपनी वचन जीवन प्रयन्त निभाउंगी।

अगर होती मेरे वश में तो बाट लेती इसको।

धरो ध्यान उनका जो तुम्हें सौगात दिया।

बेरा पार करते हैं सबका, तुम्हारी भी करेंगे।

सूरज भी सिर पर है, अब भोजन भी करलो।

खत्म हो रही इंतजार की घड़ी हे सखी।

होने लगी मीठी मीठी दर्द हे सखी।

कैसे इस संकट घड़ी से उबर पाऊँगी।

होती जा रही असहनीय दर्द क्या करूँ।

हो गई आँखे बंद दिखने लगी धुंधली वन।

कराहने लगी दर्द से निर्दोष नारी जब।

सुनने लगी वन की मादा पशु पक्षी गण।

भीग रही सबकी आँखे पीरा के गम में।

आजा हे सूरज देव तड़प रही हूँ, पीरा में।

सहन नहीं हो रही अब एक भी छन।

अच्छा होता निकल जाती मेरी दम।

गूंज गई कानों में केह केहा की आवाज।

पड़ गई बेसुद अचेत धरा पर।

उड़ गई होश मलिका की, शांत देख सखी को।

एक साथ होने लगी, सुख दुख की अनुभूति।

आँखे खोलो राजकुमारी आया है लाल।

अजीब की तेज साथ में कवच कुंडल धारी।

धीरे धीरे खुलने लगी राज कुमारी की आँखे।

शिशु को लिए हाथ में मलिका है बैठी।

राजकुमारी को शिशु दर्शन करने लगी।

देख शिशु की तेज माँ पीड़ा सब भूल गई।

छाती से लगा कर शिशु को चूमने लगी।

बीत रही रात की चौथी पहर।

लग रही शिशिर पवन की, तन मे ठंडक।

ढक रही परिधान से अपने तन को।

धीमी धीमी पाओ से चल रही माँ।

जग न जाये कहीं गोद का लाला।

झूठे रिश्ते झूठी दुनिया के लिए, लाल को त्यागने चली।

खून पानी पीर सबको, मान पर बलि चढ़ाने चली।

पाप धोती रही मानव, सींचती रही धरती को।

जीव जंतु की प्यास बुझती मन ही मन हर्षाती।

माँ पहुंची एक माँ में अपने लाल को बहाने।

डाल दी बच्चे को एक मंजूस में।

प्रवाहित करने लगी गंगा माँ के जल में।

जैसे जैसे मंजूसा धारा में डोल रही।

वैसे वैसे माँ की दिल धड़कने लगी।

स्नेह ममता की नीर से माँ डूबती रही।

बेवश माँ करती भी क्या, विधाता से बेवश।
चलती आगे फिर, पीछे मुड़ कर देखती।
सान्त्वना देती मलिका नयन नीर पोछती।
दोनों सखी शिव के चरण में चली।
कर जोर विनती करती, क्षमा करना हे प्रभु।
विवश हूँ मैं, दुनिया से, पर तुम रक्षा करना उस शिशु का।

दुल्हन जैसी सजी धजी नगरी और महला।

आ रही राजकुमारी करके वन तपस्या पूरी।

हो रही जय जयकार गूंज रहे नगर महला।

मिलने खड़ा द्वार माता पिता अपने लाडली से।

गम ख़ुशी की आँसू में हो रही है द्वन्द।

एक अपने सन्तान से विछरी, तो दूसरी मिल रही।

दोनों तरफ दिल ही रो रही, पर किसी को क्या पता क्यों।

कौन किसके लिए रो रही ये प्रभु ही जाने पता नहीं।

हे प्राणनाथ सुनिए हमारी विचार।

हो गई लाडली सग्यान घर वसने करे विचार।

हे प्रिये अभी अभी तो आई करके वन अनुष्ठान।

क्यों कर रही हो दिल तोड़ने का विचार।

पता नहीं कैसी मिलेगी मेरे लाडली का ससुराल।

पलकों के पलने में पली हिर्दय से प्यार किया।

ममता के पलने में मैं भी पली आज आपके पले।

छोड़ दे मोह की डोरी, आज न कल होगी पराई।

सज रही है भुपो की कतार, चमक रही मुखमण्डल।

हीरे मोतियों से प्रकाशित सब के परिधान।

नव नबेली दुल्हन पाने की दिल बेकरार।

अपने अपने यवन को दिखने में सब मस्त।

खत्म हुए इंतजार की घड़ी, वर माला ले दुल्हन खड़ी।

मैं करता हूँ आभार व्यक्त आप सभी राजन का।

मेरी पुत्री करेगी किसी एक राजा को वरण।

राजन वृन्द में घूमने लगी राजकुमारी।

रुकी राजकुमारी हस्तीना पुर के राजा के सामने।

डाल दी वर माला पांडव के गले में।

बन गई बहु हस्तिना पुर की।

होने लगी जय जय कर हस्तिना पुर के राजा रानी की।

दास दासिया करने लगी फूलो की बरसात।
मग्न हुए राजभवन हस्तिना पुर की बहु स्वागत में।
खड़ी दास दासिया हाथ में लिए दीप थाल।
करने लगी रानी आरती बहु रानी की।
देने लगी आशीष आयुष्मति, पुत्रवती की।
फुले से सजी सेज पर कमल नैनी खिल रही।
मानों जीवन की सूर्योदय के इंतजार में बैठी परी।
धीरे धीरे पदचाप कानों में आने लगी।
आती आहट राजकुमारी, दिल की धड़कन बढ़ाने लगी।
कैसे करूँगी पति देव से व्यवहार, वने सदा बहार।
सोचती रही दुल्हन, परिधान सम्भालने लगी।
लिए शपत पति देव चक्रवर्ती बनने का।
अश्त्र शस्त्र से सुसज्जित सैनिक आदेश के इंतजार में।
उतरती विजय कामना की आरती रानी दासी के साथ।
नयन से नयन मिलती नीर से नयन भरी।

होठों पर मुस्कान दिल में विश्वविजय की अरमान।

छूती चरण रानी राजा की देती स्नेह प्यार की।

चली विश्व विजेता बनने चतुरंगी सेना।

आगे आगे विजय अश्व पीछे रक्षक सैनिक।

किया दुःसाहस मद्रनरेश पकड़ ली अश्व को।

मिला सन्देश पांडव को पकड़ी गई अश्व।

भेज रहे पांडव मद्रनरेश को शांति का संदेश।

मद्रनरेश को पहुंची शान्ति सन्देश।

चाहते अगर शांति तुम्हारे नरेश, स्वीकार करना होगा मद्रनरेश
का आदेश।

नहीं तो करना होगा युद्ध, मेरा है सन्देश।

आमने सामने हुए दोनों नरेश।

होने लगी सन्धि की शर्त पर विचार।

दे कर बेटी मद्रनरेश सन्धि को सम्बन्धी बना दिया।

सहर्ष स्वीकार की मद्रनरेश का पांडव विचार।

माद्री को लेकर चले पांडव निज राज।

देख विजय रथ पर नारी को रानी।

शोक सम्पत आँसू बहाने लगी रानी।

आ कर समीप बोले पांडव चक्रवर्ती राजा।

क्षमा करो रानी विवश था मैं धर्म संकट से।

स्वीकार नहीं किया दास्ता मद्रनरेश।

बना लिया दास मुझे अपनी लाडली देकर।

करना है जीवन निर्वाह अब तुम्हारे हाथ में।

चक्रवर्ती, शांति के लिए बाट दिया अपने को।

देख विवशता पति की सौतन को गले लगाई।

धन है आप पति देव जो छोटी बहन लाये।

झुक रही चरण में माद्री कुंती रानी के।

थाम ली बाहों में माद्री को अपने गले लगाई।

चली दोनों रानी अपनी महल की ओर।

हुए पांडव आनन्द विभोर जाते देख दोनों रानी को।

लिखा नहीं विधाता सुख कुंती के विधान में।

पांडव हुए श्रापित एक ऋषि का।

भोग नहीं सकते स्त्री को वीरान हुआ जीवन।

त्याग दिए राज मुकुट अन्न फानन में।

बिताने लगे जीवन शिव चरण में।

जीवन बिताने लगी सन्यास में राजा की।

रानिया बन गई दासी सन्यासी का।

नीरस बन गई जीवन तीनों का।

सन्तान सुख सताने लगी पांडव को।

मिट जायेगी धरती से मेरी निशानी।

इस सोच रहने लगे हस्तिना पुर के सूत।

कुंती बैठी एकांत में अतीत को याद करने लगी।

आ गई आहुति मंत्र का याद, प्रकट करने का।

कांप गई कुंती अतीत के याद से।

कौन विश्वाश करेगा बिन पुरुष सन्तान को।

आने लगेगी लांछन मेरे चरित्र पर।

करेंगे विश्वास क्या पांडव आहुति मंत्र पर।

राजा, प्रजा देगी सम्मान क्या मेरे सन्तान को।

देख माद्री कुंती की चित उदास आई पास।

मधुर वचन से बोली दीदी क्यों हो उदास।

बैठ पास कुंती की सहलाने लगी बाह।

डूबने लगी जीवन दोनों बहनों की निसन्तान के सागर में।

लिखा विधि हम सब का यही विधान।

रहना है जग में निसन्तान व्यर्थ बीतेगी जीवन महान।

सोचो, माद्री अगर साधना से उतपन हो सन्तान।

स्वीकार कर लेंगे पांडव पति देव महान।

रेगिस्तान जीवन में मानों माद्री को नीर कुम्भ दिखा हो।

उदास मुख मण्डल पर आशा की तेज किरण आ गई।

पूछ बैठी माद्री कुंती से क्या साधना है बहन।

मर कर भी पूरी करेंगे हम दोनों।
हे बहन आज्ञा लो पति देव से फिर सोचूंगी।
सैन्य मग्न बैठे पांडव शिव चरण में मग्न।

छुम छुम पायल की गूंज तोर दी ध्यान पांडव का।
खुली आँखे तपस्वी की रूप शिखा माद्री खड़ी।
क्षमा चाहती हूँ मै विघ्न डाली ध्यान में।
एक विनती है प्राणनाथ हमारी आपसे।
हो आज्ञा करूँ मैं विचार का बखान।
हे प्रिये जीवन नीरस रह गया है अब विचार का ही बखान।
क्या है प्रियतम विचार जरा मैं सुनु।
दीदी जानती है कोई साधन मांगती पति से आज्ञा।
हर्षाय हो पांडव बोले साधना के लिए कैसी आज्ञा।
होने वाली साधना का परिणाम है सुखद।
पर आने वाली है समाज, संस्कार का अर्चन।
हम होंगे संतानवान साधना का प्रमाण।
ख़ुशी और लज्या के नाव में पांडव विचरने लगे।
मैं मान भी लू तो प्रजा, राजा ऐसे मानेगे।
उठेगी कुंती की चरित्र का उपहास।
बिना पुरुष कैसे लाई है सन्तान।
सृष्टि विरुद्ध कैसे होगी किसी को सन्तान।
गए सन्देश हस्तिना पुर रहस्य मई साधना की।
मिली स्वकृति बुजुर्ग, राजा, एवम गुरुजन की।
करने लगी आहुति मंत्र की साधना कुंती संग माद्री।
जिन जिन देवो की करती आह्वान कुंती।
देने लगे देव अपनी अपनी विभूति।
भीगे बदन देख माद्री का पांडव।
हो गए काम के बसिभूत।
सच हुआ मुनि का श्राप त्याग दिए पांडव प्राण।
सती हुई माद्री पति के संग।
रह कुंती पांच पुत्रों के संग।
आये दरबार में अधिरथ अपने पुत्र के संग।

मुख पर तेज तन पर कवच कुंडल से लैश है।
करता अनुकरण पिता का पुत्र।
देख बालक को मोहित हुए राजा रानी और दरबारी सब।
हो नहीं रही थी कुंती को अपने आँखो पर विश्वास।
हे अधिरथ अद्भुत बालक कौन है।
हे महारानी मेरा ही सन्तान है कहते है कर्ण।
कवच कुंडल की किरण दिल को घायल कर रही।
ममता की नदी दिल में उफान मचा रही।
मान सम्मन की बांध को मानों डुबो रही हो।
ममता की उबलती दूध में, जल की बूँदें शांत की।
पूछ बैठी कुंती, अधिरथ कवच कुंडल क्या बनवाये हो।
बोल उठा बालक जन्म के साथ ही पाये है।
भर दी हामी अधिरथ सच है हे महारानी।
रुक गई धड़कन कुंती की, छलक गई नयन में नीरा।
थाम ली छाती दोनों हाथों से कुंती महारानी।
बोली आजा बेटा लगजा गले महारानी के।
पुत्र देख पिता की ओर हाँ में सिर हिलाऐ पिता ने।
दौड़ता पुत्र समाया महारानी की गोद।
हो गई शांत ममता की दहकती आग गोद की।
सहलाने लगी बालक के सिर को।
पहचानने लगी कवच कुंडल को।
खो गई कुंती अतीत में भूल गई अपनी पहचान।
हूँ चक्रवर्ती हस्तिना पुर की बहु, रही न गुमान।
अधिरथ पुत्र को कैसे बैठा ली अपने गोद।

अलग हुआ बालक महारानी के गोद से।
किया वंदन करजोर महारानी को आँख में आँखे डाल।
मांग रहा आदेश पुत्र बिछड़ने को माता से।
दे रही आदेश जिह्वा गम में दिल कहती ना.... ना।
होठों पर मुस्कान मन में दर्द की कसक।
हे अधिरथ तेरा पुत्र कर दिया जादू अपार।
मिल जाये समय तो लाना फिर एक बार।
पुत्र पिता लिया आदेश धाम लौटने का।
दिब्य बालक देख कुंती शोक संकोच में जल गई।
हे भानु सदा रखना बालक के जीवन का ख्याल।
मेरी आपसे अरदास उसके जीवन में रहे बहार।
धन्य हो गंगा मैया जीव हत्या से बचा ली आप।
निर्दई माँ तो थी ही हत्यारिन माँ भी होजाती।
मेरा नहीं पर अधिरथ पुत्र तो कहलायेगा।
मैं माँ नहीं कहलाई पर राधे को माँ कहता है।
हर समय तो नहीं कभी कभी तो दीदार होगी।
टूट गए ध्यान कुंती की जब माँ..... माँ की आवाज से।
घूम कर देखी पाँच पुत्रों घेरा बना रखी माँ को।
कब आये ही पुत्रों वन आखेट से।
ब्रह्ममुहूर्त में चली शिव दासी शिव पूजन को।
धुंधली धुंधली दिख रही जंगल की पगडंडी।
चकीत हुई कुंती देख एक युवक को अचेत।
कौन है युवक जो हमसे पहले आया शिव शरण में।
ऐसा कभी नहीं हुआ जो हमसे पहले किया शिव पूजन।
सोचती पहुँच गई कुंती युवक के पास।
टोके न टोके के विचार में कुंती रही खड़ी।
तभी देखी चोट लगी है युवक के सिर पर।
ममता की उफान कर दी मजबूर युवक को छूने पर।

पा कर कोमल हाथों का स्पर्श खुल गए युवक का नयन।
कौन हो? कहाँ से आए हो तुम यहाँ।
माँ! मैं कर्ण हूँ, गुरु आश्रम से आया हूँ।
कैसे आई चोट सिर पर किसीने किया आघात तुम पर।
मालूम नहीं चोट कैसे आई, पर आप कैसे आई।
अरे... तुम अधिरथ पुत्र कर्ण मैं पहचान न पाई।
उठो तुम कब से सोये हो इस वन में।
महारानी जी कब से आई नमन है मेरा आपको।
मैं रोज आती हूँ शिव जी के शरण में।
मैं चलूँ आश्रम प्रतीक्षा में होंगे गुरु, जन।
देख रही कुंती कर्ण को जाते तब तक,
ओझल नहीं आँखो से तब तक।
पूजन की शिवजी का धन्य मनाये सभी पुत्रों की।
विधि की क्या विधना बुझी आग को जगा देते हो।
मैं चाहती हूँ भूल जाऊं, पर समय समय दिखा कर याद ताजा
करते हो, चलते कर्ण को मन में एक विचार आया।
है महारानी से सम्बन्ध कोई अपार।
मिलकर भूल जाता हूँ मैं शुद बुद्ध सभी।
हो रही है जय जयकार रंग भूमि में अर्जुन की।
देख अर्जुन की धुनुर कला मोहित जनसैलाब।
बैठी राज माताएं, रानी दादा काका महान।
गुरु कृपाचार्य अर्जुन को महाधनुधारी का किया ऐलान।
ठहरे ठहरे हे गुरु महाराज, मैं भी देखा ऊंगा कमाल।
कंधे पर तरकस हाथ में धनुष लिए आगे बढ़ युवक।
चमचम करती कवच कुंडल दमकता ललाट।
उठे द्रोण बोल परे, राज कुमारो का ये रंग भूमि।
प्रवेश नहीं अन्य का, कहो कहाँ का हो तुम राजकुमार।
क्या तुम्हारी जाति, कुल एवम गोत्र भी दे बता।
सूत हमारी जाति अधिरथ कुल राधे का पुत्र हूँ।
जाओ जाओ रथ चलाओ, भीम अर्जुन ने ललकार दिया।
कुंती पुत्रों के द्वारा कुंती पुत्र को अपमानित किया।

दिल मचल गई माँ की पुत्र का अपमान देख।
विवस्ता वही जो कर्ण के जन्म के दिन थी।
लोक लाज कुल की मर्यादा में विवस माँ।
भंग हुआ रंग भूमि गये लोग धाम।
जगती रही कुंती सारी रात पुत्र के अपमान से।
गजब की खेल खेलरही विधाता कुंती के संग।
सपने में सुख आती हकीकत में दुःख हो जाती।
राजभवन में होने लगी कुटिल विचार।
पांडव पुत्रों एवम कुंती को भेजने वन विहार।
बन गए थे वारणावत में एक महल आलीशान।
लेकर चली रथ पांचो पांडव, माँ को वारणावत साथ।
पुत्र ममता में इंकार न कर सकी कुंती जाने का साथ।
बीत रही जीवन माँ बेटो का आनन्द के साथ।
होगा पुत्र युधिष्ठिर हस्तिना पुर का युवराज।
सोच सोच मन पुलकित कुंती की।
कहलाऊंगी मैं युवराज की माँ।
लौट आएंगे खोई हुए मेरा सम्मान।
पूर्ण हो जायेगी पितामाह की दिल की अरमान।
सुरक्षित हो जायेगी हस्तिना पुर राज्य।
मिल जायेंगे धर्मज्ञ राजा हस्तिना पुर को।
पूरी हो जायेगी प्रतिज्ञा भीष्म पितामाह की।
देख नहीं सके विधि हस्तिना की शांति को।
लगी आग वारणावत वन के महल में अपार।
सोये शान्ति निद्रा में माँ पांच पुत्रों के साथ।
खुली आँखे तपती तपन से कुंती के पुत्रों की।
अग्नि समुद्र में डूबने लगी छः जीवन।
याद आए सहदेव को काका श्री की विचार।
उच्छल उच्छल मारने लगा पैर धरती पर।

देख उछलते सहदेव को पिघल रहा दिल भाइयों का।

करो रक्षा हे बासुदेव मेरे पुत्रों का।

तभी धस गई धरती खुल गए सुरंग।

निकल गए सभी पांडव व माँ के साथ वन में।

झील मिल चांदनी रात में दिख रही एक छाया।

देख छाया को दबी जबान भीम ने बोला माँ से।

देखो माते सामने एक छाया, मानव या दानव।

रुक गए माता पुत्र सभी बढ़ते छाया को।

आने लगी छाया इन लोगों के समीप।

करने लगा भीम तैयारी मल युद्ध की भरी। ।

करने वाला था आक्रमण भीम, बोल उठे विदुर जी।

भाभी श्री के चरणों में विदुर का प्रणाम।

धन्य है बासुदेव की जो आप सभी कुशल है।

काका श्री को सभी भाइयो का प्रणाम।

बोली कुंती कैसे आए वन में विदुर महाराज।

जब से सुना पांडव पुत्रों को वारणावत भेजने की बात।

समझ में आ गई थी राजनीति चाल।

लगा दिया था गुप्तचर आपके साथ।

खोदवा दिया था सुरंग वारणावत महल तक।

कर दिया था आगाह सहदेव को।

लगती है आग जंगल में सब जीव जंतु जल जाते हैं, चूहा बच
जाता है।

एक विनती है भाभी बिना विचारे न लौटे धाम।

मुझे अब लौटना चाहिए हस्तिना पुर धाम।

लगी खबर बासुदेव को जल मरे पांडव।

बुआ और पुत्रों वारणावत में दुःख हुआ अपार।

जानने की सत्यता भेज दिए भाई उद्धो को।

दूर दिखा पांच पुरुष एक महिला को।

तेज कदमो से करने लगा उनको पीछा।

आहट मिली भीम को मूर देखा आते जन को।

दिल घबराने लगा कपटी के चाल से।

कर रहा पीछा गुप्तचर हस्तिना पुर राज्य का।

देखो माँ कर रहा पीछा कोई हमसब का।

मुड़ कर देखी कुंती मुस्कुराने लगी।

देख माँ के चेहरे पर मुस्कान सब चकित थे।

ये गुप्चर नहीं मेरे भाई का बेटा उद्धव है।

उद्धव का नमन स्वीकार करो बुआजी।

नमन मेरा पाँचों भाई को एक साथ।

भेज बासुदेव समाचार पाने को।

कुशल देख मैं धन्य हूँ खुश होंगे बासुदेव।

दो आदेश बुआजी जाने का जल्दी देदू सन्देश कृष्ण को।

जाओ उद्धव द्वारिका धाम सुनाओ सन्देश द्वारिकाधीश को।

धीरे धीरे सूरज ढलने लगे न है कहीं ठौर।

थक गए थे हम सभी आराम की जरूरत है।

पर माँ अभी आगे चल रही वन में।

देखा पीपल का पेड़ साया उसकी बड़ी थी।

उग हुए छोटी छोटी घास साये के नीचे।

हो रही मन यही बैठ जाये मखमली घास पर।

देख युधिष्टिर माँ की आँखों में मांग रहे आदेश।

समझ गई माँ संकेत पुत्र का आँखो से की आदेश।

कुंती बोली मैं नहीं चल पाऊँगी आगे तक।

जो हो माताजी का आदेश सब वही रुक जाते हैं।

रुका भीम माँ के पास और चले रहने खाने के जुगाड़ में।

किसी ने फल किसी ने पत्ता वो जल इकट्ठा की।

सोने लगे माता वो भ्राता गण खड़े सुरक्षा में भीम।

रहते थे दो राक्षस हिडम्बा हिदम्बी भाई बहन।

लगी गन्ध मानव शरीर का हिडम्बा को।

किया आदेश बहन को पता लगाव मानव को।

गन्ध लेती पहुंची उस पीपल के समीप।

देख मानव को खुश हुई हिडिम्बी अपार।

हिस्ट पुष्ट पुरुष देख जग गई जवनी की भूख।

खेलने लगी सपनो में उस पुरुष के गोद।

भूल गई हिडिम्बी भाई का आदेश।

रूप बदल हिडिम्बी देखने लगी प्यार से भीम को।

वन में देख सुंदरी भीम चकराने लगे।

आधी रात में कहाँ से आई सुंदरी वन में।

आ रही सुंदरी भीम के समीप, खल न हो नींद में।

बढ़ने लगे भीम सुंदरी के दिशा में।

ठहर जा तुम भीम ने बोला सुंदरी से।

कौन हो कहाँ से आई हो तुम वन में।

मैं राक्षसी हूँ इस वन में रहती हूँ।

भेजा है मुझे भाई मेरा तुम सब को मारने को।

करूँगी भोजन तुमलोगों का मिलकर भाई बहन।

करों युद्ध हमसे तब लेजाना माँ भाई को।

मैं नहीं चाहती युद्ध करना तुमसे अच्छे लगने लगे हो।

मेरा भाई है बलवान कर देगा बध्ये तुम सभी का।

देखो शायद पीछे से आ गया मेरा भाई।

करलो तुम रक्षा माँ और भाई को अपना।

होने लगी मल्ल युद्ध भीम वो हिडिम्बा में।

उठा पटक की आवाज से खुल नींद माँ ओ भाई की।

अलग खड़ी है एक सुंदरी बाला।

सोच रही माँ वो भाई सुंदरी बाला कौन।

क्या है सुंदरी ही युद्ध का कारण।

त्याग दिया हिडिम्बा प्राण भीम के आघात से।

लग गई गले हिडिम्बी भीम से।

देख रहे है सभी चकित हो भीम को।

हुआ विवाह हिडिम्बी वो भीम का।

बनी हिडिम्बी बहु कुंती की।

की विनती सासूमाँ से हिडिम्बी एक वर्ष रहने दे मेरे सुहाग को।

तब तक रहे आप सभी मेरे निवास पर।
बीतने लगी जीवन माँ पुत्रों का वंचरिया के साथ।

साथ में ही छोटा सा गांव रहते सभी आराम से।

भीख छटन के दरमीयान हो गई पहचान एक ब्राह्मण से।

युद्धिष्ठर से ब्राह्मण पूछा कहाँ है धाम।

जंगल में रहते माँ और चार भाई के साथ।

किया विनती ब्राह्मण निज धाम युद्धिष्ठर को चलने का।

बिन माँ आज्ञा की भोजन भी नहीं करते सभी।

हे मानव श्रेस्ट मैं करंगा माता से चल भेंट।

आते देख कुंती पुत्र साथ ब्राह्मण को सोचने लगी।

कैसे करूँगी उनकी सत्कार कुछ नहीं है पास।

की नमन ब्राह्मण देव को कुंती, प्रति उतर में नमन किये ब्राह्मण देव भी।

करने लगे आग्रह माँ कुंती से,

निज धाम सपरिवार को चलने को।

थक गई कुंती ब्राह्मण के आग्रह से।

रहने लगी सपरिवार ब्राह्मण के धाम।

चीखने चिल्लाने की आवाज से कुंती बाहर निकली।

खड़े द्वार पर कुछ लोग बोले आज तेरी बारी।

विप्र बोले मैं जाऊंगा, विप्रणी मैं जाऊँगी।

सोलह वर्ष की बेटी बोली मैं जाऊँगी।

मैं मैं की चक्र में फसे प्रधान कुछ नहीं समाधान।

कठोर वचन में बोले प्रधान किसी एक को जाना होगा नगर के वास्ते।

बीच में बोली कुंती एक पुत्र जायेगा फिर भी चार पुत्र बचेंगे मेरे।

मैं नहीं करूंगा अधर्म अतिथि को भेज कर।

नहीं होगी अधर्म सक्षम है मेरा पुत्र राक्षस को मारने में।

हे प्रधान जाने दे मेरे पुत्र को होगी समस्या का निदान।

मारा गया राक्षस भीम के हाथ अभय हुआ नगर।

पाँचों आज्ञाकारी ऐसे की माँ के आज्ञा बिना एक फल भी नहीं खाते।

जब कोई वस्तु लाते दरवाजे से माँ की आज्ञा लेते।

पर आज थी भिक्षा अनमोल ।

बोले अर्जुन माँ देखो मैं कैसी भिक्षा लाया हूं।

नित दिन की तरह माँ कर दी बीन देखे आज्ञा।

बाट लो सब भाई आपस में बराबर।

सुन वचन माँ की रह गए सब दंग।

वस्तु नहीं माँ, एक नारी है अर्जुन बोला।

हो गई अनर्थ हे माते जरा बाहर निकलो।

सुन पुत्र को वचन कुंती बाहर निकली।

देख दुल्हन रूप में नारी को, होगई कुंती शर्मशार।

कैसे हो गया नारी पर नारी से अत्याचार।

बिलख बिलख करने लगी कुंती, बासुदेव को याद।

तुम्हीं कर सकते हो समाधान।

हुआ इच्छा बासुदेव को मिलने को बुआ से।

चले दोनों भाई मिलने कुंती के कुटी।

हर्षित हुई कुंती देख कृष्ण बलराम को।

हो गया समाधान कुंती की पांच पुत्र एक बहु की।

आई कुंती हस्तिना पुर बहु वो पुत्रों के साथ।

शीत युद्ध चलते पांडव और कौरव में बार बार।

दुर्योधन किया युत क्रीड़ा का सभागार में आगाज।

दिया बुलावा पाँचों पांडव को दुर्योधन।

युत क्रीड़ा खेलने को मामा शकुनि के साथ।

हार गए युदिस्थिर पत्नी भाई वो राज पाट।

बन कर दास पाँचों पांडव चले पत्नी के साथ वन को।

रह गई कुंती विदुर के धाम में अकेली।

कैसे रहते होंगे पुत्र वो पुत्रवधु वन में।

सोच में रहती कुंती मग्न।

बीत गए 12 वर्ष का वनवास साथ में 1वर्ष का अज्ञातवास ।

आये लौट कर पांडव द्रौपदी के साथ।

होने लगी इंद्र प्रस्त लौटाने को भीष्म, गुरु, मंत्री में बात।

हठी दुर्योधन विवश किया अधर्म करने पर महाराज को।

बासुदेव ने किया प्रयास मध्यस्ता की।

पर कुछ नहीं हुआ लाभा।

निश्चित हो गई भीषण मानव संहार का आगाज।

होने लगी युद्ध की तैयारी कौरव वो पांडव में।

बट गये भारतवर्ष की राज्य मित्रता शत्रुता के बीच।

पहुँचने लगी दोनों पक्ष की सेना कुरु क्षेत्र शिविर में।

हो गए तैयारी भाई भाई, सगे सम्बन्धी, पुत्र पौत्र में युद्ध की।

छू रहा चरण गांधारी का पुत्र दुर्योधन।

विजय श्री का आशिर्बाद दो माता तुम अपने पुत्र को।

दे सकती हूँ दुनिया की सब आशिर्बाद, पर विजय श्री को छोड़ कर।

विजय का आशिर्बाद तुम्हें कुंती ही दे सकती है।

बोली गांधारी अपने पुत्र अभिमानी से।

वो है बड़ी दिलवाली माँ।

आते देख दुर्योधन को कुंती बोली आओ पुत्र।
स्वीकार करो प्रणाम हे छोटी माँ दुर्योधन बोला।
दीजिये विजय का आशीष पुत्र दुर्योधन को।
दे दिया हो अगर दीदी तुम्हें विजय का आशीष।
उसी साथ निहित है पुत्र दुर्योधन मेरा भी आशीष।
धन्य हो छोटी माँ मुझे अपने पुत्रों के बाराबर समझी।
चलता हूँ माते कुरु क्षेत्र की ओर।
कुंती दी आशीष ख़ुशी एवम आयुष्मान रहने का।
महान माता की परिचय दी शत्रु पुत्र को दे आशीष।
भूल कर बहु की अपमान को भी दी आशीष।

कर्ण को बनाया सेनापति द्रोण के मारे जाने पर दुर्योधन।

संकट में देख प्राण अर्जुन का कृष्ण बताये उक्ति एक कुंती को।

आ गया समय बुआ कर्ण को सचाई बताने की।

जा कर मिलिए कर्ण से सुबह उसी गंगा घाट पर।

जहाँ छोड़ कर आई थी कर्ण को बच्चपन में।

लाज और संकोच से भरी कुंती सोच में पड़ी।

हुआ नहीं था जन्म कृष्ण का, इस राज के पहले।

इस राज को जानते हम तीन, सूर्यदेव, मलिक और मैं।

समझ नहीं की बासुदेव कैसे जाना इस राज को।

क्या कोई अवतार बासुदेव जो बहुत किया चमत्कार।

सोच क्या रही हो बुआ जल्दी जाओ दानी कर्ण के पास।

मांग लो दान में पुत्र जीवन का, पुत्र कर्ण से बुआ।

छुपते छुपाते चली कुंती दान वीर कर्ण से मिलने।

रात्रि की बिदाई दिन का आगमन, वर्षों बाद तीन विभूति गंगा घाट।

माँ गंगा में एक विभूति लगा रहा है डुबकी।

झांक रहा गगन से दूसरा विभूति लाल पहन चोला।

बैठी इंतजार में तीसरी विभूति मुंह छुपाई पेड़ के आर में।

अंजलि भर जल दिया सूर्यदेव को प्रणाम किया कर्ण पिता को।

निकला जल से कर्ण देख घूंघट में एक नारी तन।

घूंघट की ओट से बोली नारी आप है महादानी।

मिलती है मुंह मांगी दान ऐसे मैं सुनी हूँ, बड़ी आशा लेकर आई हूँ।

हे नारी महान माँगिये अपनी दान।

होगी समर्थ मेरी जरूर पूरा करूँगा।

क्या चाहिए सोना चांदी हीरे जवाहरात या जमीन।

इन वस्तुओं का मुझे नहीं दरकार मुझे दे दो माता का अधिकार।

मैं हूँ राधे पुत्र मेरे जीवन पर बस उन्ही का अधिकार।

ऐ सच नहीं कर्ण, तुम राधे का नहीं कुंती पुत्र हो।

नहीं नहीं जब मैं खोली आँखे राधे माँ की ही देखी।

मरी गई मति आपकी या हो गई है कोई भर्म।

मैं राधे हूँ राधे ही रहूंगा होगा कोई आपका पुत्र दूसरा।

है तुम्हीं पुत्र मेरा कवच कुंडल के साथ जन्मे थे तुम।

नहीं नहीं सुनी सुनाई करती है आप बात, मिथ्या है ये बात।

जो विवस्ता उस दिन आज भी वही है, करो विस्वास तुम।

तुम्हीं हो जेष्ठ कौन्तेय चलो मेरे साथ मेरे पूरी।

बस करो महारानी जी मत जोरो नाता पुत्र माता का।

है पवित्र नाता माता पुत्र का सदियों सदियों से बार करार।

हो जायेगी बदनाम रिश्ता स्वार्थ के इस जाल में।

सोचा नहीं था, पुत्र और राज्य सुख में दामन हीन होंगी।

कल कृष्ण ने भी अपना पासा मेरे ऊपर डाला।

हो तुम जेष्ठ कुंती पुत्र राज सिंहासन तुम्हें दिलाऊंगा।

रहेंगे पाँचों पांडव तुम्हारे दास बनकर।

डूब रही नारी अपमान के सागर में, कैसे करे सत्य को प्रमाण।

पुत्र तुम्हें चाहिए माता से प्रमाण।

जग में कैसे माँ लाती है सन्तान।

मैं थी नादान ऋषि सेवा से मिली वरदान।

कर सकती हो किसी देव को आह्वान।

इस मंत्र से होंगे सभी तुम्हारी गुलाम।

कौतूहल बस एक दिन कर दी सूर्यदेव की आह्वान।

मैं थी कुँवारी हो गई पग भरी, लोक लाज के डर से।
दिल को पत्थर ममता को दफन कर।
गंगा माँ के आँचल में नवजात शिशु को डाल दिया।

क्षमा करो पुत्र इस माँ के भूल को।

भुला कर बचालो हस्तिना पुर के कुल को।
दहक जाएंगे स्वार्थ के अग्नि में रथी महारथी कुल।

माँ तुम हो स्वार्थी सजने लगी है तुम्हारे पुत्रों की अर्थी।

जल गए है अग्नि प्रतिशोध की दिल में अर्थी ही जलेगी।

रंग भूमि में हो रही थी अपमान जेष्ठ कॉन्त्ये का।

भीम अर्जुन के द्वारा दिखाती साहस माँ का।

नहीं करो अपमान किसी वीर पुत्र का।

सुनकर सूत पुत्र मैं अंदर ही अंदर जल जाता हूँ।

सुनो पुत्र नारी का यही विधान रहना है पुरुष का गुलाम।

करे पुरुष कर्म जो, भोगना सब नारी को ।

है वो जो जननी।

लूट गए लाज लूट गया संसार।

तभी नहीं निकली तुम्हारी भरास।

सदा रहो खुश तुम माँ का ये आशीष।

गिरा चरण में कुंती के वीर कर्ण सपूत।

हूँ माँ विवश दोस्ती के ऋण से।

बंध गया हूँ प्रतिज्ञा में पर रहेंगी आपकी सदा पांच पुत्रों की माँ।

दो में से एक को खोना ही है, अर्जुन या कर्ण।

भीग रही दो तन आसुरु से कुंती और कर्ण।

छलनी हो रही माँ का दिल पुत्र से पुत्र के आघात से।

पता नहीं माँ मिल सकूंगा दोबारा चरणों को चूम लू दिल भर।

हे प्रभु तूने क्या विधि बनाई जिस माँ की खोज में जीवन बिताए।

मिली ऐसी की आँख भर न देख पाये, ऐसे जीवन क्यों बनाये।

बैठी कुंती गोद में कर्ण का सिर रख नवजात शिशु समान।

सहलाने लगी सिर कर्ण का जीवन भर की ममता लुटाने लगी।

न रहा कोई राजा न रही कोई रानी माँ बेटा निराला।

भूल गए दुनिया को माँ बेटा के सागर अथाह प्यार में।

रो रहा कर्ण नवजात शिशु समान माँ की गोद में।

दे रही कुंती थपकी कर्ण को स्नेह अश्रु जल और प्यार से।

आया याद कर्ण को देख न ले कोई महारानी माँ को यहाँ।

न हो रहा मन सिर उठाने को माँ की गोद से।

पर बेहया लाज सम्मान के मारे माँ को जगाया ध्यान से।
चलिए माँ छोर देता हूँ आपको रथ से। नहीं बेटा...।
चली कुंती गन्तव्य की ओर मुरझाई मुखमण्डल को।
देख रहे चार नयन बारी बारी से ओझल होने तक।
खड़े बासुदेव राह में कुंती से समाचार पाने को।
देख बुआ की दसा हुई नहीं कुछ पूछने की साहस।
चली देखने कुंती घायल भीष्म पितामाह को कुरुक्षेत्र में।
पड़े बाण शैया पर घिरे है सैनिक से।
किया प्रणाम कुंती रुदाली स्वर से पितामाह को।
पिघल रही दिल कुंती की देख कष्ट पितामाह की।
धन्य है मेरा पौत्र जो अधर्म से
डिगा दिया कुंती तुम्हारा पुत्र।
क्षमा करें पितामाह अर्जुन को दिया असहनीय घाव।
छोभ नहीं करो पुत्रबधू मेरे घावों को देख, आनन्द शैया है।
जो शरीर देख तुम पर होते अत्याचार उसी का है परिणाम।
हो गया स्वक्ष शरीर अर्जुन के बाणों से बह गए लहू अधर्म की।
आप नहीं पौत्र प्रेम बोल रहा है ।
चल रही है मेरी सांसे बस युदिस्थिर को हस्तिना का राजा सुनने
को।
होगी प्रतीक्षा पूरी मेरी कुशल राजा मिल जाये हस्तिनापुर को।
सब है श्री कृष्ण की लीला किसको कब भवर सागर से करे
बिदा।
करती हूं प्रणाम पितामाह चलने को अब धाम।
खुश रहो तुम पुत्रबधू और पुत्रों
 साथ अंतिम है आशिर्बाद।

टूटी पहाड़ ममता पर हुआ आघात कर्ण के प्राण पर।

सिधार गया परलोक कर्ण।

एक तरफ विजय की गूंज दूसरी तरफ ममता की हार फसी कुंती की नैया।

रो रही छुप छुप कर विष्नु के पास।

हो गए खत्म युद्ध पांडव और कौरव का हुआ विजय धर्म का।

पूरा हुआ प्रतिज्ञा अर्जुन भीम, द्रौपदी का।

रो रही माताएं अपने अपने पुत्रों पर।

दे रही सान्त्वना कुंती गांधारी घायल माता को।

करती हूं प्रणाम मैं दीदी गांधारी।

किस मुँह से पूछूँ तेरा समाचार।

संकोच न करो कुंती मैं जानती थी परिणाम।

कैसे है वीर पुत्र पांच सभी।

अशिष्य आप दोनों का कुशल पाँचों भाई।

है पूर्व जन्म का पुण्य तुम्हारा रह गए अडिग पुत्र तुम्हारे।

थी मैं पापनी पहले और आज भी। सौ पुत्र पर रहा न कोई मेरा।

तरस जायेगी मुंह मुखअग्नि की।

बरसने लगी गांधारी की नयन।

पर है विश्वास नहीं करेगा अपमान पाँचों भाई मेरा।

होने लगी तैयारी तिलांजलि की जो वीर मरेंगे युद्ध में।

एक तरफ महाराज धृतराष्ट दूसरे तरफ युदिस्थिर बनने लगी सूचि सगे सम्बन्धी की।

बार बार पूछ रहे कृष्ण कुंती बुआ से छूट नहीं रहा कोई सम्बन्धी अपनी।

नयन झुकाये दिल थामे ना में सिर हिलाती कुंती।

याद करो बुआ अभी समय है बाकी।

मौन रही कुंती सुन रही कर्ण की आत्मा की आवाज।

माँ करा दो तिलांजलि मेरी भी, नहीं तो भटकती रहेगी आत्मा मेरी।

खुली आँख कुंती की मिली आँखे दयानिधि से आदेश।

खत्म हो गए थे सभी वीर योद्धा की तिलांजलि का काम।

निकलने लगे सभी भाई गंगा नदी से।

बाकी है श्रद्धांजलि एक योद्धा की दान वीर कर्ण की।

चौंक गये सुन पाँचों भाई वो लोग कुंती के विचार को सुन।

था कर्ण दुश्मन हम सभी का।

वो सम्बन्धी कैसे है माँ।

निभाई होती दुश्मनी अगर जिन्दा नहीं रहते तुम सब।

दिया है जीवन दान तुम चारों भाई को कर्ण वीर महान।

उसे घमण्ड अपने दानी पर सम्बन्धी नहीं वो मेरा।

हो गया है भ्रम माताजी को कृष्ण तुम्हीं इन्हें समझाओ।

समझ रहे हो तुम राधे, कर्ण को।

पर वो जेष्ठ कॉन्त्ये था।

हुई नहीं बाणी पूरी की कुंती का गला बैठ गया।

घूम गई पीछे अपने पुत्रों के अविश्वास पर।

कैसे समझाए इनको पहले जीवन की "नादानी" को।

वही विबस्त छलनी करती बार बार कुंती के दिल को।

होने लगा मैला मन पाँचों भाई पांडव का।

किया आग्रह युदिस्थिर बासुदेव से।

सच है क्या कथन माताजी का।

ली कसम बासुदेव बुआ कुंती की।

पवित्र है इनकी आचरण।

मालूम था तुम्हें बासुदेव पहले क्यों नहीं बोला।

एक माँ की नादानी को कैसे सुनता उनके वीर पुत्र।

रखी लाज को ताक पर बुआ बताने गई कर्ण जन्म की राज।

दिया माँ को कर्ण चार पुत्रों का जीवन दान।

किया वचन पूरा कर्ण पूजनीय कुंती माँ का।

पुरुष तुम सभी नारी की विबस्ता को सुनोगे ही।

आये हो करते अपमान सब दिन नारी को तुम को तुम लोग।

आये दुर्वश ऋषि सब हुए खुश दिए आहुति मंत्र का
आशिर्बाद।
कौतूहल बस एक दिन किया सूर्य देव का आह्वान।
हुआ मिलन हम दोनों का जन्म हुआ कर्ण का।
छमा मांग कर दिया श्रद्धांजलि पांडव पुत्र सभी कर्ण को।
मुक्ति के वास्ते गई जीवन बिताने सन्यास वन में।

बेरंग रिश्ते

बदल रहे राखी की धागे,
होरही रंग बिरंगी काया।
विश्वास नहीं बांधने वाले की,
विश्वास नहीं बंधने वाले का।
देखी जाती प्रेम से ज्यादा कीमत राखी की, जैसी भाई वैसी ही
राखी।
शान के चकाचौंध में धातु बनी धागा, लग नहीं रही गांठे
पक्का।
थोड़ी अर्चन तोर रही रिश्ते की धागा।
बदल गई राखी बन्धन की अर्थ, बांध रही बहने राखी स्वार्थ
की,
पूरा नहीं स्वार्थ जान भी लेती भाई की।
"नेग" हो भरी भाई है प्यारा,
सह नहीं सकती रोक टोक भाई का।
जीना चाहती मन मानी उरे धूल जितनी भी।
भाई भी कम नहीं तोर रहे, बहन भाई के रिश्ते पवित्र को।
आकर्षण के मोह में उठ रहा विश्वास इन रिश्ते से।
हो जाती थी सुरक्षित लड़कियाँ,
किसी को भाई बोलकर पहले।
आज वो भी नहीं हो रहा विश्वास।
कितना गिर गया है मानव समाज।

हिंदुस्तान की औलाद है फौलाद

हिंदुस्तान की धरती महान,

कण कण के अन्न में ज्वाला।

करो गे टेढ़ी नजर मेरे तरफ,

उस नजर में बारूद भर देंगे।

हिंदुस्तान.......फौलाद

रहना धरती पर तुम्हें दोस्त बन

वस्तु क्या चीज है जान भी लुटाएंगे।

चाहिए मदद तुम्हें प्रेम से बोलो,

दुनिया की हर चीज तुम्हें सहर्ष देंगे।

हिंदुस्तान........फौलाद

ये मत भूल करना तुम परोशी,

हम लड़ते झगड़ते आपस में।

क्योकि हम है साम्यवादी,

सब को है अपनी आजादी।

हिंदुस्तान.........फौलाद

अलग अलग धर्म बोलो भी अलग,

पर जन्मे हिंदुस्तान की धरती पर।

अंतर नहीं खून पानी से सब एक,

अंतर नहीं करते दुश्मन की ललकार को।

हिंदुस्तान.........फौलाद

भूल गए वो दिन एक हिंदुस्तानी,

सौ सौ जवान तुम्हारे शहीद हुए।

एक हिंदुस्तानी दस टैंक को स्वहा की,

किया था मजबूर तुम्हें राजधानी बदलने पर।

हिंदुस्तान........फौलाद

तुम क्यों बहक रहे हो नादान,

मेरे आश्रय पर तुम जीते हो।

तुम्हें तो औकात नहीं अपनी,

पानी बहाने की पर जाएंगे लाले
दाने दाने की।
हिंदुस्तान........फौलाद।

सावरिया रूप निराला

आये काली रात में सावरिया,
नन्द यशोदा वृंदा को हर्षाये।
चहकते खग झूमते वृन्दवासी,
लगने लगे दर्शनार्थ की कतार।
सावरिया रूप निराला

जो देखे बाल श्याम को,
रहे न शुद्ध समय ज्ञान।
समा रही सावरिया में अपने को,
मानों अपनी रंग ढंग भूल रही।
सावरिया रूप निराला

आये बालक वृंदा में अनेक,
काले गोरे सावरे भूरे।
पर नन्द के सावरे अलबेला,
निकाल नहीं पाता कोई खोट।
सावरिया रूप निराला

जिस अंग पर डालो नयन,
वो समाहित करती अपनी ओर।
ये बालक नहीं जादूगर है,
ये मोह का सागर है।
सबको अपने रंग में डुबोता है।
सावरिया रूप निराला

देखो रे पलने से ही खेल दिखता,
छोटी छोटी हाथों से किसको बुलाता।
किया कारनामा राक्षसी को दूध पी कर,
फेक दिया चरणों से गाड़ी को दैत पर।
सावरिया रूप निराला

खुश गोपियाँ चलते देख नन्दलाल को,
मिलेगी बहाना गोद में उठाने की।

बोलूंगी यशोदा से भूल गया था,
लाला डगर घर का तुम्हारा।
सावरिया रूप निराला
खिलाऊँगी माखन अपने घर की,
सुलाउंगी सेज पर ललना को।
निहारूँगी तब तक यशोदा न आये,
होगी नराज यशोदा माफ़ी मांगूगी।
सावरिया रूप निराला
मेरी मन अधीर मैं चाहू कब हो,
सावरिया स्यान कहु दिल की हाल।
आखिया से अब प्यास न बुझती,
कब एक दूसरे में समाऊ।
सावरिया रूप निराला
ढल गई मेरी उम्र प्यास न बुझी,
हे! श्याम अरदास, कैसे बुझाओगे प्यास।
निर्लज समाज में मेरी प्यास,
कितने दिनों के बाद देखा देखी,
टूट गई सब्र की बांध जो होगा परिणाम,
सावरिया रूप निराला।

सुख की खोज में हम

डेंग डेंगी चलते हम जब बचपन में,

लगती धूप नंगे बदन में,

भागते घर या माँ की गोद में,

देती माँ आँचल की छाया लेती गोद में।

सुख की खोज में हम

हुए बड़े खोजने लगे काम आराम के,

मिले ऐसी काम जिसका स्वामित अपने,

आना जाना अपने मन के,

पूरी हो सब ख्वायसे अपनी मन के।

सुख की खोज में हम

भूल रहे नीति रिश्ते सब अपने,

कर रहे अनीति संगत काम को,

बेच रहे इंसानियत की चोला को,

लुटा रहे इंसानियत के मूल्य को।

सुख की खोज में हम

मिलती बस चंद धातु, कागज के टुकड़े,

मिलती बस प्लास्टिक, लोहे की आकृति,

मिलती ईंट बालू की खाक रहने को,

मिलती वाह वाही झूठी मुंह पर।

सुख की खोज में हम

जान कर भी अनजान बनते दूसरे से,

कर रहे काम ऐसे मजबूर है पहचान छुपाने से,

भूल कर भी कोई जान गया डरते नहीं गिड़गिड़ाने से,

मिट रही अस्तित्व अपनी उसके जानने से।

सुख की खोज में हम

लगी होड़ एक दूसरे को पछाड़ने की,

कोई धन दौलत के अभिमान की,

कोई धर्म पूजा की नकली शान की,

कोई धौंस जमा रहा किताबी ज्ञान की।
सुख की खोज में हम
डूबा रहे जिनके लिए सब कुछ अपना,
क्या वो सन्तुष्ट हो रहा वो लोग सब,
आते मिलती है वो चार नयन ख़ुशी से,
नहीं रहती शिकायत किसी बात की आप से।
सुख की खोज में हम
किस बात की मारा मारी जीवन में,
खुश नहीं रहते बेटा बेटी वो पत्नी,
देख मेरी दौड़ा दौड़ी चुप है माँ पिता,
अगर कम ही मिलता पर रहती खुश,
सभी के चेहरे खिलते कमल जैसा,
तब पूरी होती सुख की खोज हम सभी की........।

कागज और स्याही

रूप रंग दोनों की भिन्न भिन्न,
एक है लम्बी चौड़ी सफेद,
दूसरी ऐसी जो किसी में समाये,
डर नहीं रूप आकृति बिगड़ने की।
बढ़ती है सम्मान उनकी दूसरे के हाथों से,
हम दोनों की मिलन से पुत्र इतिहास,
ज्ञान रूपी बेटी को हम ही पाला पोसा है।
सुख दुख की आँसू में हम नहाये है,
कभी किया स्पर्श कोमल होठों को,
कभी मसली गई हथेली या पैरों से,
हुइ अनगिनत टुकड़े टुकड़े कितनी बार।
फैला दिया मुझे धरा और नीर में,
मैं देखती रही उल्ट पुलट कर उसको।
मेरी ही मौजूदगी में संसार व्याप्त है,
चलती नहीं चारा जब विबाद में,
तब मुझे ही करता है खड़ा।
मैं दिखाती हूँ आइना उस समय की,
जो मेरे सीने पर स्याही की नृत्य,
अंकित रहती पूर्वजों की सहमति।
पीरा से तब मैं घिर जाती,
किसी की मौत की आदेश मेरे,
सफेद तन पर लाली बहन ठुमकती।
धन्य तो मेरा जीवन तब होता,
जब परमात्मा की गाथा,
सद पुरुषो शहीद इंसान की महिमा,
अंग परतेअंग पर स्याही बहन,
प्रेम मग्न घूमती नाचती कला दिखती।
धरोहर को सदियों से रखती संयोग,

होनी अनहोनी की लेख जोखा,
जिसे देख भूत काल को समझते,
तुम्हारे आने वाली पीढ़ी।
मैं हूँ कागज और स्याही।

नीर बीच नारी

गीरी से गिर रही नीर धारा,
स्वेत लम्बवत धरा पर धारा,
कानन गूंज रही छर छल कलकल,
अक्छादित मोतियों से तिरिन लताएं।
मोहभूत समाई एक नारी उसमे,
भूल लोक लाज को जग से,
पारदर्शी नीर धारा से आनन्दित,
मल मल दोनों हाथों से बदन धो रही।
नीले अम्बर से आ रही सूर्य किरण,
नीर में नारी की प्रतिबिम्ब बना रही,
कोयल की कुक मोर मोरनी नृत्य,
कानन में स्वर्ग की छटा बिखेर रही।
आखेट से बेहाल प्यास से त्रस्त निर्प,
ब्याकुल नीर तलाश में कानन में भटके,
सुन नीर धारा की कलकल की आवाज,
आवाज की मार्ग में कदम बढ़ा रहा।
आये समीप देख दृश्य निर्प ने जब,
संकोच लाज की सैन्य से घिरे जब,
नजरें छुपा कर नीर में नीर पात्र डाला जब,
होने लगी भल भल की आवाज जब।
भंग हुई आनन्द की समाधि नारी की,
नजरें घुमाई भल भल आवाज की ओर,
देख सिमट मीन की तरह मोटी नीर की ओर,
मिल रहे नजरें दोनों के चोर समान।
कर रहे दोनों पलक झपकने का इंतजार,
मौका पा कर अपनी अपनी चोरी छिपाते,
हो नहीं रही हिम्मत किसी की हटने की,
दोनों की अपनी अपनी विवस्ता पारी।

निर्प की पात्र अभी भी खाली पड़ी,
नारी की वस्त्र अलग शील पर पड़ी।
हुई आहट कानन में धम की,
भूल गए अपनी स्थिति को दोनों,
देख एक शेर आते नीर के तीर की ओर,
भागे जान बचाने दोनों एक ओर,
गिरी नारी शील से टकरा कर एक ओर,
निर्प उठाया नारी को अपनी गोद।
भय से हुई दोनों में प्रीती अपार।